"Há muito solo a desbravar e muito trabalho a desenvolver em favor do futuro."

Divaldo Franco/Joanna de Ângelis

Para

com votos de paz

DIVALDO FRANCO
PELO ESPÍRITO
JOANNA DE ÂNGELIS

Messe de Amor
EDIÇÃO COMEMORATIVA ▪ 60 ANOS

SALVADOR
1ª edição especial – 2024

COPYRIGHT ©(1964)
CENTRO ESPÍRITA CAMINHO DA REDENÇÃO
Rua Jayme Vieira Lima, 104
Pau da Lima, Salvador, BA.
CEP 412350-000
SITE: https://mansaodocaminho.com.br
EDIÇÃO: 1. ed. especial – 2024
TIRAGEM: 5.000 exemplares

COORDENAÇÃO EDITORIAL
Lívia Maria C. Sousa
REVISÃO
Adriano Ferreira · Lívia C. Sousa
Plotino da Matta
CAPA E MONTAGEM DE CAPA
Ailton Bosco
EDITORAÇÃO ELETRÔNICA
Ailton Bosco
COEDIÇÃO E PUBLICAÇÃO
Instituto Beneficente Boa Nova

PRODUÇÃO GRÁFICA
LIVRARIA ESPÍRITA ALVORADA EDITORA – LEAL
E-mail: editora.leal@cecr.com.br
DISTRIBUIÇÃO
INSTITUTO BENEFICENTE BOA NOVA
Av. Porto Ferreira, 1031, Parque Iracema. CEP 15809-020
Catanduva-SP.
Contatos: (17) 3531-4444 | (17) 99777-7413 (WhatsApp)
E-mail: boanova@boanova.net
Vendas on-line: https://www.livrarialeal.com.br

Dados Internacionais de Catalogação na Publicação (CIP)
(Catalogação na fonte)
BIBLIOTECA JOANNA DE ÂNGELIS

F825   FRANCO, Divaldo Pereira.
       Messe de amor. 1. ed. especial / Pelo Espírito Joanna de Ângelis
[psicografado por] Divaldo Pereira Franco, Salvador: LEAL, 2024.
       248 p.
       ISBN: 978-65-86256-33-8
       1. Jesus 2. Espiritismo 3. Reflexões morais
       I. Título II. Divaldo Franco

CDD: 133.93

Bibliotecária responsável: Maria Suely de Castro Martins – CRB-5/509

DIREITOS RESERVADOS: todos os direitos de reprodução, cópia, comunicação ao público e exploração econômica desta obra estão reservados, única e exclusivamente, para o Centro Espírita Caminho da Redenção. Proibida a sua reprodução parcial ou total, por qualquer meio, sem expressa autorização, nos termos da Lei 9.610/98.
Impresso no Brasil | Presita en Brazilo

Os autores

DIVALDO FRANCO

*F*ilho do casal Francisco Pereira Franco e Ana Alves Franco, Divaldo Pereira Franco nasceu em 5 de maio de 1927, na cidade de Feira de Santana, Bahia, e desde a infância se comunica com os Espíritos.

Cursou a Escola Normal Rural de Feira de Santana, recebendo o diploma de professor primário em 1943.

É um dos mais consagrados oradores e médiuns da atualidade, fiel mensageiro da palavra de Cristo pelas consoladoras e esperançosas lições da Doutrina Espírita.

Com a orientação de Joanna de Ângelis, sua mentora, tem mais de 250 obras publicadas, de vários Espíritos, muitas já traduzidas para outros idiomas, levando a luz do Evangelho a todos os continentes sedentos de paz e de amor. Divaldo Franco tem sido também o pregador da Paz, em contato com o povo simples e humilde que vai ouvir a sua palavra nas praças públicas, conclamando todos ao combate à violência, a partir da autopacificação.

Há mais de 70 anos, em parceria com seu fiel amigo Nilson de Souza Pereira, fundou a Mansão do Caminho, cujo trabalho de assistência social a milhares de pessoas carentes da Cidade do Salvador tem conquistado a admiração e o respeito da Bahia, do Brasil e do mundo.

Os autores

JOANNA DE ÂNGELIS
– JOANA ANGÉLICA –

Sóror Joana Angélica de Jesus nasceu na cidade do Salvador a 11 de dezembro de 1761. Aos 21 anos de idade ingressou no Convento da Lapa, fazendo profissão de Irmã das Religiosas Reformadas de Nossa Senhora da Conceição. Pelos seus incontáveis méritos, atingiu a posição de Abadessa em 1815. Por ocasião das lutas da Independência do Brasil, defendeu estoicamente o seu Convento, sendo vilmente assassinada no dia 20 de fevereiro de 1822, após proferir estas palavras que bem lhe definem a grandeza de Espírito decidido, em face do soldado que a trespassou cobardemente com a baioneta: *Esta passagem está guardada pelo meu peito e não passareis senão por sobre o cadáver de uma mulher.*

No Mundo espiritual, sob o pseudônimo de Joanna de Ângelis, vem contribuindo com o engrandecimento do Espírito humano, de forma relevante, como Emissária do Senhor na Obra de recristianização da Humanidade.

Messe de amor

Na penúltima encarnação, vivida no México (1651 – 1695), como Sor Juana Inés de la Cruz, foi a maior poetisa da língua hispânica.

Vivera na época de São Francisco (século XIII), conforme se apresentou a Divaldo Franco, em Assis.

Também vivera no século I, como Joana de Cusa, piedosa mulher citada no Evangelho, que foi queimada viva ao lado do filho e de cristãos outros, no Coliseu de Roma.

Até o momento, por intermédio da psicografia de Divaldo Franco, é autora de quase 80 obras, 35 das quais traduzidas para 15 idiomas e 10 transcritas em braile. Além dessas obras, já escreveu milhares de belíssimas mensagens.

Sóror
Joana Angélica de Jesus

As bênçãos do tempo

os anos se dobaram no tempo desde aquele dia...

... Vivia-se um período cultural assinalado por incontáveis dificuldades que as conquistas da tecnologia solucionaram, enquanto simultaneamente outras se apresentavam em desenho para o futuro.

O processo de evolução exige a transformação do caráter humano para melhor, enquanto a reencarnação espiritualiza a matéria.

As conquistas morais excelentes, apesar das facilidades técnicas modernas, não conseguiram igualar-se, porque o primarismo espiritual não dispôs dos esforços para domar as *más inclinações* a manifestarem-se mediante os instintos predominantes.

Os benfeitores espirituais buscaram sensibilizar os homens e as mulheres para a mudança de conduta, sem que fossem logrados os passos na conquista do bem e da verdade.

Nesse período, atendendo aos compromissos espirituais assumidos, apresentamos nosso livro *Messe de amor*, simples e pobre de sabedoria, objetivando, porém, contribuir com os divulgadores do Espiritismo, abençoados por Jesus.

A doutrina de amor e de misericórdia veio para repetir os Seus ensinamentos que foram adulterados ou falseados no passado, de forma que a sociedade terrestre pudesse entender e viver as causas das aflições e aceitar-lhes as consequências...

A Revolução Industrial muito rapidamente tomou conta das multidões, enquanto as questões éticas saudáveis foram substituídas por condutas morais em que se abandonavam as doutrinas superiores.

...Glórias da cultura foram afogadas em sangue e o egoísmo se apropriou exageradamente dos indivíduos em busca do prazer sem responsabilidade com o dever...

As guerras de ambição de muitos arrastaram as florações humanas ao terrível flagelo da destruição de toda ordem.

Epidemias devastadoras têm varrido o globo e transtornos de toda ordem vêm viciando a Humanidade, esquecida de Deus.

Multiplicaram-se as religiões enganosas de poder e riqueza no mundo, sem espiritualização para os desafios e processos morais reparadores.

Mas Jesus resiste aos detratores e adversários, com paciência e compaixão.

O tempo é infinito, e as Soberanas Leis são insuperáveis, proclamando a ordem e o retorno à harmonia, à paz.

Neste momento de luzes do conhecimento e trevas do ressentimento, a nossa doação desde há 60 anos[*] vem auxiliando os *filhos do Calvário* a carregarem a sua cruz e plantá-la no acume das montanhas de redenção.

Deus abençoe o caro leitor que tenha a oportunidade de conhecê-la e impregnar-se do seu conteúdo.

Salvador, 20 de março de 2024.

Joanna de Ângelis

---

[*] Lançamento do *Messe de amor* no dia 5 de maio de 1964 (nota da autora espiritual).

Mensagem dos editores

Estimado(a) leitor(a),

É com imensa felicidade e gratidão que celebramos o sexagésimo aniversário da obra *Messe de amor*, a primeira psicografia publicada pelo médium Divaldo Franco, sob a inspiração espiritual da veneranda Joanna de Ângelis. A importância e a relevância desta obra transcendem a sua natureza pioneira, assim como a celebração de suas seis décadas de existência neste ano de 2024.

A notabilidade reside sobretudo no compromisso inabalável assumido por Divaldo Franco perante sua mentora Joanna de Ângelis, em uma ocasião inolvidável e eternamente gravada em nossa memória: o dia 5 de maio de 1964. Neste dia, ainda sob efeito da emoção com a sua publicação, Divaldo Franco assentiu, intemerato e intimorato, às diretrizes propostas pela sua benfeitora espiritual a respeito de sua vida psicográfica. Esta apareceu luminosa e apresentou-lhe um botão de rosa para ilustrar a sua marcante e atemporal lição:

Chegou com um botão de rosa de haste muito longa. O botão bem fechadinho. Enquanto eu fiquei olhando-o deu-se um fenômeno muito interessante. O botão começou a desabrochar, a abrir-se, tornando--se uma rosa belíssima. Depois começou a fenecer, a caírem as pétalas, mas, à medida que as pétalas iam caindo, davam-me a impressão de serem de sangue, que iam manchando o livro de capa verdinha. As manchas se desvaneceram, mas a capa ficou assinalada pelo sucedido.

Nesse momento, Joanna falou-me: — Aí tens o símbolo do teu futuro psicográfico. Se tu tiveres coragem para levá-lo adiante, conta comigo. Mas, não esperes flores. A flor será a mensagem, mas a tua será a parte do sofrimento. Se estiveres disposto a dar o testemunho do silêncio, a receber a crítica mordaz e sarcástica, a ter ferida a alma com os espinhos da perversidade alheia e ver as mensagens serem levadas à praça pública do ridículo, de forma que te sangre o coração e se tu aceitares isso como fenômeno natural, sem te defenderes nem as procurar defender ou a nós, os Espíritos, porque o nosso defensor é Jesus, tudo bem.

É nesse sentido que apresentamos esta edição singularmente especial de *Messe de amor*, adornada por uma capa verdinha e com a famigerada rosa simbolizando a noite de seu lançamento, com elementos tipográficos que rememoram a sua primeira edição, recordando este selo que se cumpriu entre médium e mentora, Divaldo e Joanna, que agora completa 60 anos. As mensagens que permeiam estas páginas revelam-se como um verdadeiro manual sobre a arte de cultivar a fé, a resignação, a força, a indulgência e a paz necessárias para superar as adversidades e desafios deste mundo, oferecendo também consolo para nossas feridas e inspirando a esperança de um futuro melhor, tal como preconizado pelo verdadeiro espírito cristão.

Convidamos você, estimado leitor, a mergulhar novamente nesta obra imortal, para compreender seus ensinamentos e percorrer os caminhos da autoiluminação e da plenitude espiritual, propósitos que nos unem em aspiração comum.

Fazemos votos de que nós, leitores desta obra, firmemos o mesmo compromisso que Divaldo Franco tem logrado na sua tão feliz existência quase centenária: sejamos nós próprios messes de amor no mundo.

Equipe da Editora LEAL

SUMÁRIO

Os autores 5
As bênçãos do tempo 9
Mensagem dos editores 13
À guisa de apresentação 19

1 Solidão e Jesus 23
2 Em honra do ideal 27
3 Domínios 31
4 Disciplina 33
5 Embora imperfeito 37
6 Caridade difícil 41
7 Culto da oração 45
8 Queixas 49
9 Chorando para servir 53
10 Persistir na ideia 57
11 Inveja 61
12 No grande bem 65
13 Sofrimento e aflição 69
14 Sinal do Cristo 73
15 De referência ao dinheiro 77

16 Opiniões 81

17 Temperança...85

18 Fidelidade à fé 89

19 Afinidades 93

20 Reclamação e esforço................................97

21 Prossegue lutando...................................101

22 Fenômeno e Doutrina 105

23 Reino dos Céus 109

24 Mesmo assim 113

25 Doações 117

26 Não sabes 121

27 Espíritos atormentados............................125

28 Serve mais 129

29 Tarefas..133

30 Nos dons da pregação..............................137

31 Objurgatórias...139

32 Prosseguirás...143

33 Na seara do amor 147

34 Marcados 149

35 Nas lides provacionais 151

36 Em honra do bem 155

37 Examina e prossegue 159

38 De alma confiante 163

39 ...E viverás..167

40	Heróis	171
41	Aflições	175
42	Prudência	179
43	Orações encomendadas	181
44	Tolerância	185
45	Vestimenta	189
46	Escuta e age	193
47	Se quiseres	197
48	Moeda-bondade	201
49	Em torno da prece	205
50	Humildade	207
51	Ante dificuldades	211
52	Benfeitores	215
53	Provações	219
54	A ponte	223
55	Com o que tens	227
56	Tranquilidade confiante	231
57	Espíritos doentes	235
58	O livro espírita	237
59	Jesus contigo	241
60	Ante a desencarnação	243

À guisa de apresentação

llan Kardec, o abençoado Apóstolo da Terceira Revelação, no primeiro Capítulo de O Evangelho segundo o Espiritismo, nos itens 6 e 7, escreveu:

"...O Espiritismo é a terceira revelação da lei de Deus, mas não tem a personificá-la nenhuma individualidade, porque é fruto do ensino dado, não por um homem, sim pelos Espíritos, que são as vozes do Céu, em todos os pontos da Terra, com o concurso de uma multidão inumerável de intermediários. É, de certa maneira, um ser coletivo, formado pelo conjunto dos seres do mundo espiritual, cada um dos quais traz o tributo de suas luzes aos homens, para lhes tornar conhecido esse mundo e a sorte que os espera.

Assim como o Cristo disse: 'Não vim destruir a lei, porém, cumpri-la'; também o Espiritismo diz: 'Não venho destruir a lei cristã, mas dar-lhe execução'. Nada ensina em contrário ao que ensinou o Cristo; mas desenvolve, completa e explica, em termos claros e para toda gente, o que foi dito apenas sob forma alegórica. Vem cumprir, nos tempos preditos, o que o Cristo anunciou e preparar a realização das coisas futuras. Ele é, pois, obra do Cristo, que preside, conforme igualmente o anunciou, à regeneração que se opera e prepara o reino de Deus na Terra".[1]

Por essa razão, o Espiritismo é uma messe de amor, *aguardando o coração humano para a sega abundante.*

Algumas das páginas que constituem o presente livro foram refundidas e recompiladas para melhor entrosamento no conjunto, considerando já terem sido divulgadas pela imprensa leiga e espiritista, sem que, contudo, perdessem o espírito que as caracterizava.

Não temos a veleidade de apresentar um novo roteiro para os Espíritos em luta, quais nós mesmos, na jornada evolutiva.

Anima-nos o propósito de contribuir, embora de maneira insignificante, com o esforço dos abençoados obreiros do Mundo maior no que diz respeito à laboriosa tarefa de expansão do Reino de Deus nos corações, no momento em que a família espírita, reconhecida e jubilosa, celebra o Primeiro Centenário da Publicação, em Paris, de O Evangelho segundo o Espiritismo.

---

1. *O Evangelho segundo o Espiritismo.* 51. ed. FEB, p. 53 (nota da autora espiritual).

Revivendo a Boa-nova de Jesus Cristo, o Espiritismo desdobra o amor, convidando o homem à cruzada redentora da fraternidade por um mundo melhor e mais feliz.

Reconhecemos, todavia, o pouco valor do nosso esforço, em considerando a rica bibliografia espírita e evangélica sobre o assunto.

Como a Seara do Senhor é incomensuravelmente rica de luz, encorajamo-nos a apresentar estas páginas ditadas paulatinamente, num período superior a dez anos, sem qualquer pretensão literária ou prosápia exegética.

Nada trazem que possa ser incorporado ao patrimônio cultural de muitos.

Qual modesto glossário espírita-cristão, objetiva despertar algumas consciências adormecidas ou Espíritos descuidados ante a incidência de acontecimentos diários, que nos surpreendem, ameaçando a paz interior.

Sabendo que uma gota d'água, aparentemente insignificante, se tivesse transformadas suas moléculas em grãos de areia, poderia tornar-se uma faixa de regular largura em torno do Equador... a Mensagem de Jesus, que o Espiritismo desdobra e difunde, vivida em ações edificantes, cobriria toda a Terra de amor e luz.

Concluindo, desejamos repetir com o ínclito codificador do Espiritismo:

"...O Espiritismo vem, na época predita, cumprir a promessa do Cristo: preside ao seu advento o Espírito

de Verdade. Ele chama os homens à observância da lei: ensina todas as coisas fazendo compreender o que Jesus só disse por parábolas. Advertiu o Cristo: 'Ouçam os que têm ouvidos para ouvir'. O Espiritismo vem abrir os olhos e os ouvidos, porquanto fala sem figuras, nem alegorias; levanta o véu intencionalmente lançado sobre certos mistérios. Vem, finalmente, trazer a consolação suprema aos deserdados da Terra e a todos os que sofrem, atribuindo causa justa e fim útil a todas as dores".[2]

Esperando ter colimado o objetivo a que nos propusemos, embora as nugas e imperfeições que nos caracterizam, saudamos no fiel Mensageiro, intérprete das aves do céu, *o pregoeiro da Era Nova, exorando ao Mestre por Excelência bênçãos para todos nós.*

Salvador, 1º de fevereiro de 1964.

Joanna de Ângelis

---

2. *O Evangelho segundo o Espiritismo* – Capítulo VI – item 4, p. 122 (nota da autora espiritual).

1

Solidão e Jesus

Quando as amarguras da jornada te assinalem a alma, jungindo-te ao carro sombrio onde a solidão se demora algemada, recorda o Mestre Crucificado, em terrível abandono.

Onde os amigos doutrora, as multidões saciadas e os corações socorridos?

Começara o ministério, a que se entregaria integralmente, nas alegres bodas de Caná, e encerrava-o numa cruz, esquecido dos beneficiários constantes que O envolviam em álacre vozerio.

Sempre estivera o Mestre cercado pelas criaturas...

Pregara nas cercanias formosas das cidades e das aldeias, nas praias livres entre o lago e as montanhas, nas sinagogas repletas e nas praças movimentadas.

Atendera a todos que Lhe buscaram o socorro. Todo o Seu Apostolado de Amor foi de enobrecimento.

À mulher desprezada e em aviltamento, ofereceu as mais belas expressões da Sua Mensagem.

Consolou e esclareceu a samaritana atormentada.

Retirou dos coxins de veludo e seda a obsidiada de Magdala.

Convidou Marta às questões do espírito.

Atendeu à mulher cananeia, prodigalizando o equilíbrio à filha endemoninhada.

Hanah, a sogra de Pedro, recebeu-Lhe o passe curador.

À pobre hemorroíssa siro-fenícia restituiu a saúde.

Ofereceu à viúva de Naim o filho considerado morto.

Joana, a mulher de Cusa, recebeu-Lhe o convite para a vida imperecível.

À filha de Jairo prodigalizou a bênção do despertamento das malhas da catalepsia.

Além delas, distendeu o amor a todos os corações.

Leprosos e sadios participaram do Seu convívio.

Homens ilustres e mendigos foram comensais da Sua afeição.

Recuperou a serenidade no homem de Gadara, infelicitado por Espíritos obsessores, e curou o servo do centurião.

Elucidou o afortunado príncipe do Sinédrio em colóquio fraterno, e propiciou luz aos olhos fechados de mísero cego das estradas de Jericó.

Honrou a rica propriedade de Zaqueu e fez refeições nos barcos humildes dos pobres pescadores.

Revelou a Boa-nova aos sábios de Jerusalém, que a escutaram deslumbrados, e, à última hora, ensinou aos malsinados ladrões, companheiros de crucificação, a porta estreita para a liberdade espiritual.

Movimentou os membros paralisados de Natanael, descido pelo telhado, e revelou aos discípulos do Batista os sinais que O identificavam como o Esperado.

Milhares de almas receberam a paz e a saúde de Suas mãos.

Os *demônios* submetiam-se à Sua voz.

O mar respeitou-Lhe a ordem.

O vento atendeu-Lhe o imperativo.

As doenças desapareciam ao Seu contato.

Os anjos obedeciam-Lhe a vontade...

No entanto, à hora da angústia, sorveu a taça de amargura a sós.

O coração feminino, junto à Cruz, apresentou-Lhe apenas a saudade e a aflição, em lágrimas.

Mas provou a agonia, o escárnio e a humilhação em suprema soledade.

Nenhuma voz se ergueu para defendê-lO nas altas cortes.

A plebe, que recebera tanto amor e O aplaudira delirantemente às vésperas, na entrada da cidade, esquecia-O agora.

Todavia, entregando-se confiante ao Pai, venceu o mundo e todos os seus enganos, e mesmo depois da morte ressurgiu glorioso, voltando ao amor para a felicidade de todos.

Lembra-te d'Ele.

Só no mundo, e o Pai com Ele.

À hora das tuas provações, os companheiros e beneficiários do teu carinho não podem ficar contigo; seguirão adiante. A vida os espera mais além.

Tem paciência.

Não os ames menos por isso. Eles necessitam da tua compreensão e do teu carinho.

Cresce para ajudar no crescimento deles.

E mesmo que a morte venha às tuas carnes, renascerás depois das cinzas da sepultura, em esplêndida madrugada, para continuares o teu labor junto àqueles que te abandonaram.

Na tua solidão, entretanto, Jesus estará sempre contigo.

2

Em honra do ideal

Estás convocado para a construção de um mundo melhor. Desse modo, penetrarás no mundo a que realmente aspiras.

Exulta, entusiasmado, e não te detenhas.

Afasta o verbo da crítica destruidora e defende a concha dos teus ouvidos contra as acusações injustas.

Não te deixes atingir pela perseguição gratuita. Só os desocupados dispõem de tempo para a inutilidade das defesas inoperantes.

Observa a vida dos heróis e dos desbravadores. Todos passaram incompreendidos e desrespeitados.

O riso de uns poucos arraigados ao cepticismo e a ignorância de muitos parvos explodiram, muitas vezes, em gargalhadas com que procuravam humilhá-los. A mordacidade, porém, foi vencida pelo vero ideal que eles defenderam e as gerações futuras o confirmaram.

Cinco séculos antes de Jesus Cristo, Aristarco de Samos já pregava o sistema heliocêntrico. No entanto, não faz muito, Galileu foi constrangido a negar tal verdade.

Quando Eratóstenes, com instrumentos rudimentares e primitivos, calculou a circunferência da Terra em 39.690 quilômetros, foi considerado louco. A Ciência contemporânea, dispondo dos mais perfeitos aparelhos, mediu essa mesma circunferência, que é de 40.075 quilômetros...

Hiparco afirmava que o ano solar era de 365 dias e ¼, menos 4 minutos e 48 segundos. Foi ridicularizado. Comprovou-se recentemente um engano... mas de apenas seis minutos.

Pregando a doutrina do amor universal, Jesus, a sós, foi crucificado e relegado ao escárnio dos séculos. Todavia, a Humanidade do futuro se encarregaria de recuperá-lO para a felicidade dos tempos.

Sai a campo.

Respeita o tempo, usando-o com propriedade.

Valoriza as pequenas coisas positivas.

Desenvolve as qualidades de serviço pessoal.

E não estaciones ante o pessimismo dos derrotistas ou a falsa superioridade dos triunfadores da ilusão.

A tua fé te fala da excelência do dever cristão. Não podes temer.

Sempre surgirão acusadores pelo caminho e dificuldades repontarão frequentes pela estrada.

Integra-te no objetivo a conquistar e não pares.

Vozes aparentemente credenciadas te acusarão.

Zombarão do teu caráter.

Zurzirão sobre a tua conduta.

Não lhes dês caso.

Embora adereçados e guardados em tecidos custosos, com tênue verniz social, são o que são.

Muitos cães usam coleiras preciosas engastadas de gemas caras, mas continuam cães.

Incitato, embora dormisse num palácio e comesse em salvas de prata, não foi além de cavalo.

Artifícios não modificam realidades.

Calçados de salto alto não adicionam altura real ao corpo reduzido.

Uma baia de cristal e ouro não altera a qualidade da ração para os animais.

Em razão disso, liga-te ao bem legítimo, mesmo que vertas lágrimas de sangue...

Difunde a verdade, estimula a ordem, elabora o serviço nobre, conclama ao dever, desculpa a ignorância, ama sempre e insiste nos postulados do Cristianismo puro.

Há muito solo a desbravar e muito trabalho a desenvolver em favor do futuro.

Sorri e desculpa, fazendo o melhor dos teus melhores esforços, e prossegue sempre.

E se porventura não atingires o clímax dos teus desejos em forma de contemplação dos triunfos almejados, por tombares nas refregas rudes e necessárias, outros continuarão o teu trabalho, permitindo-te contemplar da Esfera melhor, aureolado de bênçãos, as tarefas ontem interrompidas a se desdobrarem abençoadas por outros corações que seguem resolutos e gratos ao teu heroísmo anônimo.

3

Domínios

Há muitos dominadores no mundo...
Senhores de tratos de terra que mudam de donos.
Proprietários de rebanhos que morrem.
Depositários de valores que desaparecem.
Argentários de moedas que se gastam.
Comandantes de homens que perecem.
Donos de consciências que se libertam.
Titulados por investiduras universitárias que descambam para o orgulho e a loucura.
Dominadores e dominados em toda parte.
Chefes que são, por sua vez, subalternos a outros chefes.
Possuidores que são mordomos passageiros.

Senhores que também são escravos das paixões. Legitimamente existe um só dominador real: aquele que se domina a si mesmo.

Renovado pela claridade do Evangelho, examina até onde vão as fronteiras dos teus domínios e experimenta a força que vem do Céu: se poderás reprimir a cólera advinda da incompreensão de quem ajudas, continuando a ajudar; se guardarás submissão pura e simples ante os impositivos injustos que te sejam exigidos pela Causa cristã, que esposas e defendes; se manterás perseverança continuada entre desertores do ideal grandioso em serviço efetivo; se conservarás conduta reta entre as tentações soezes, nascidas na invigilância de muitos; se exercerás renúncia constante como clima para a própria ascensão; se oferecerás perdão sistemático a despeito de tudo, e continuarás na sementeira intensiva apesar das dificuldades renovadas.

Se podes insistir quando os outros fogem, demorando na fraternidade em prol do júbilo de todos, dominando a ira e a preguiça, o medo e o orgulho ferido, a cobiça e o amor-próprio desdenhado, e ainda porfias com definida e clara fé, então adquiriste aquela autoridade que vem do Céu e não pode ser retirada e que, por fim, fará de ti um legítimo servo do Cristo a caminho da redenção.

4

Disciplina

Em toda a Criação vibra a mensagem paternal da ordem divina.

A pequenina planta alçando-se em busca da energia solar que a sustenta.

O Astro-rei girando submisso em torno de outro que lhe serve de berço.

O verme rastejando na limitação dos recursos de que dispõe.

As águas domadas nas represas, produzindo força elétrica que movimenta o progresso.

Quando o desrespeito irrompe na máquina da ordem, campeiam a tormenta e o desequilíbrio.

A ordem é irmã gêmea da disciplina que sustenta a produção e inspira o progresso.

Em ti mesmo, a reencarnação significa escola de iluminação, mas também cárcere disciplinar, em cuja oportunidade adquires recursos e valores que te propiciam liberdade e ascensão.

Teus ruídos incomodam os vizinhos, que te observam com desagrado.

Tuas irritações contaminam os amigos, que se encolerizam.

Tuas agressões à lei ferem a sociedade, que te cerceia a liberdade de ação.

Na mesma razão, tuas lutas enobrecedoras tornam-se conhecidas.

Os sorrisos sadios que distribuis espalham contentamento.

As doações de amizade pura enriquecem os companheiros das lides.

Os celeiros da esperança, que abres aos transeuntes, fartam muitos corações.

No entanto, necessitas de disciplinar o receber, tanto quanto metodizar o dar.

Não receberás da Vida Fecunda concessões indébitas, em detrimento de outros Espíritos.

Porque desejes mudar a rota solar para fruir maior dose de luz e calor, este não mudará o seu rumo para atender-te; segue a trilha gigante que o disciplina na órbita e o submete.

Educas o animal inferior para utilizá-lo nos serviços domésticos. No entanto, o cão que defende um lar é o mesmo que ataca o invasor da propriedade. Disciplina do instinto.

A madeira que serve de leito é irmã da palmatória que pune. Disciplina para o uso.

A água que atende a sede nasce na mesma fonte da que dá o veículo para o veneno. Disciplina na utilidade.

A mão que aplaude é a mesma que fere. Indisciplina de aplicação, porque o corpo é servo da vontade.

Considera, ainda, que o vaso útil para as necessidades domésticas nasceu do barro lodacento.

A forma que recebe a pasta alimentar é utensílio surgido da folha de flandre humilde.

A luz elétrica, que clareia, surge na força ciclópica que estava a perder-se.

Para preencher a função a que se destina, cada coisa necessita da adaptação que a disciplina impõe.

Como disciplina, entende-se o conjunto de deveres nascidos da ordem imposta ou consentida.

Mesmo a Verdade, para chegar ao homem, é dosada em quotas que o vitalizam.

A luz solar, que distende a vida sobre a Terra, é filtrada e medida para atender às necessidades previstas pelo Pai Celeste, sem causar danos.

A felicidade do homem decorre, pois, da disciplina que este se impõe.

Educação da vontade.

Correção dos atos.

Moderação da voz.

Domínio dos impulsos.

Ordem nas atividades e deveres, mantendo um alto padrão de respeito e moderação nas tarefas naturais.

Recorda, assim, a expressão do Mestre Jesus:

"Eu não vim destruir a Lei, mas dar-Lhe cumprimento".

5

Embora imperfeito

*H*á quem, a pretexto de imperfeição, silencie o verbo edificante nos lábios, enjaulando a mensagem consoladora.

Há quem, em nome da imperfeição, paralise os braços no ministério da saúde moral, encarcerando a ação salvadora.

Há quem, justificando a própria imperfeição, mobilize a preguiça, espalhando a inutilidade.

Há quem diga que, imperfeito, nada pode fazer pelo próximo, considerando estar arrojado nos mesmos sítios de infelicidade e aflição...

Unge-te, porém, de amor e levanta-te da iniquidade para socorrer outros iníquos.

O amor é árvore que para produzir necessita ser plantado.

A Doutrina Espírita ensina que ninguém renasce na Terra para o cultivo dos miasmas do pretérito, nem preservação dos males dos tempos idos...

Reencarnação é bênção.

Bondade é luz.

Antes de mergulhar na carne, todos rogamos os títulos da dor e do sofrimento para compreendermos melhor as dores e os sofrimentos dos que seguem ao nosso lado.

Ninguém falará com precisão do que ignora, por falta de experiência pessoal.

É por essa razão que, muitas vezes, ensinarás resignação, embora avassalado pela inquietude; falarás de enfermidade com a alma enferma; consolarás, necessitado de consolação; acenderás luz de entendimento, carecendo de compreensão; pregarás justiça para os outros, esmagado pela impiedade alheia; colocarás bálsamo em feridas, guardando úlceras não cicatrizadas no cerne do ser.

Enquanto alguns aguardam sublimação para se disporem ao auxílio, ajuda tu.

Todos carregamos agonias nos íntimos tecidos da alma. E o trabalho de auxílio aos outros é medicação colocada em nossa própria dor.

Messe de amor

Enquanto ensinas a paz, e sentes a ausência dela em teu coração, ou preconizas luta contra as tentações, perseguido pelas tenazes do mal, aprimoras-te, exercitando o espírito no dever claro e digno que se transforma, lentamente, em escada de ascensão libertadora.

E, crucificado na imperfeição, avança intimorato, recordando o Mestre que, amargurado e esquecido por quase todos os amigos, aparentemente vencido, numa Cruz de vergonha e impiedade, alçou a alma dorida ao Pai Misericordioso, pensando as feridas do coração humano de todos os tempos, e ainda pediu, amoroso:

"Perdoa, meu Pai! Eles não sabem o que fazem".

Perdoa, também, tu, e ama, ajudando sempre.

6

Caridade difícil

Distendes o agasalho e envolves o corpo entanguido, derramando sobre o coração a linfa da tranquilidade decorrente da caridade ao nu.

Ofereces o pão generoso e a água fria, e experimentas o júbilo interior que nasce na fonte sublime da caridade ao esfaimado e ao sedento.

Favoreces com a cédula-moeda e participas da emoção que flui da caridade ao necessitado.

Partilhas a piedade e harmonizas a consciência ante a caridade para com o aflito moral.

Doas o medicamento e renovas-te ante a bênção praticada pela caridade ao enfermo.

Ensejas o teto, gentil, favorecendo a alma com a paz cantante que se deriva da caridade dirigida ao desabrigado.

Desculpas a ofensa, propiciando calor de fé ao espírito ferido ante a caridade do olvido ao mal que surge no coração dos maus e dos enganados.

E crês que conjugas o verbo amar, vivendo o verbete caridade nas diversas modalidades enunciadas pela mensagem evangélica.

Todavia, ainda podes mais fazer.

Se desejas integração real no espírito cristão da caridade, vai mais além.

Há outros Espíritos em torno de ti que aguardam mãos invisíveis capazes de os socorrer.

Possivelmente não os conheces, não os vês, não os ouves, não são do teu círculo... mas não os ignoras.

Conhecê-los-ás através da Revolução Espírita, que te falou deles, os atormentados de Além-túmulo, nossos irmãos desencarnados sofredores.

Há os que se converteram desde *ontem* em verdugos e seguem os teus passos afligindo-te; alguns dormem, hipnotizados; outros desconhecem o *país* onde se encontram; muitos se detêm nas tormentosas evocações do passado; vários se agregam e experimentam a angústia do magote em que se reúnem; diversos choram *esfaimados, sedentos, desabrigados, friorentos, enfermos...*

São náufragos da vida física que a morte recolheu.

Todos eles precisam de nós...

Desde que conheces e possuis a centelha espiritista que persiste ardendo em tua alma, ora por eles, ama-os, pensa neles com vibração mental positiva de auxílio e, quando surja ocasião, nas células cristãs em que militas, ao longo do caminho carnal, *recebe-os*, favorecendo-os com a palavra evangélico-medicamentosa que os anime, console, desperte, encaminhe e cure...

Oferece as tuas antenas psíquicas e deixa-os *incorporar* pela mediunidade que portas, a fim de que sejam aquinhoados pela caridade do teu esforço.

Sofrê-los-ás quando te dedicares a socorrê-los.

Participarás intimamente das suas agonias e aflições.

Nem sempre se desprenderão de ti imediatamente.

Demorar-se-ão, alguns, ao teu lado, aguardando, e os sentirás...

Sofrerás conflitos íntimos e silenciosos sob a ação deles...

Não os temas, porém.

Não te rebeles.

Entrega-os ao Médium Divino, considerando que eles necessitam de quem os ame, na Terra, e da Terra os ajude.

Medita quanto à alegria que experimentarias se, no lugar deles, encontrasses alguém que oferecesse o vaso fisiopsíquico para tua libertação, e faze, então, o que gostarias que fizessem por ti, exercitando-te, desde hoje, na prática dessa caridade difícil e algo ignorada, que os olhos do mundo não veem nem a gratidão dos amigos recompensa com o suborno do reconhecimento precipitado ou da bajulação dispensável, na certeza de que Jesus, que nos ama desde há milênios até hoje, não se cansa de alongar Sua inefável misericórdia e Seu amor até o abismo de inferioridade em que nos detemos...

7

Culto da oração

Quando a aflição te visite o trabalho, desferindo golpes no teu coração ou conduzindo-te às sugestões do mal, recorda-te da oração singela à disposição de todos.

Semelhante a unguento sublime, não somente cicatriza o peito em chaga aberta, como vitaliza os melhores sonhos perturbados pela nuvem sombria do desespero, devolvendo a esperança e a paz.

Anjo benfazejo, a oração apaga as labaredas do crime em começo, improvisando recursos de salvação, para que a serenidade retorne, santificante, à direção da consciência.

Não apenas garante a felicidade e a harmonia do lar, como também embeleza todas as realizações começantes, oferecendo estímulo novo e coragem para o êxito total da experiência em que te aprimoras no estágio do mundo.

Não somente consola e sara, mas também ilumina o pensamento turbilhonado, restituindo a calma e o tirocínio para desmanchares os cipós enrodilhados nos teus pés, a te reterem na província da angústia incessante.

Celeiro de bênçãos inesgotáveis, ela é a segurança da família, alimento dos filhos e fortaleza dos pais.

Mensageira do Pai Celestial, é a intérprete das tuas aspirações e intercessora dos teus anseios junto aos bem-aventurados.

Vertendo-a do coração, em colóquio confiante, asserenam-se as paixões, purificam-se os sentimentos, estabelecem-se diretrizes, moderam-se as necessidades, robustece-se a fé, eleva-se o padrão de serviço, e ela harmoniza, em redor de nossa aprendizagem, os patrimônios da honra, do respeito e da saúde espiritual, favorecendo a extensão das menores tarefas, no campo do auxílio aos sofredores.

Esposando-a, dilatam-se os minutos que se enriquecem de experiências sublimes, fazendo a vida mais nobre e digna.

Na Terra, o cristão é qual oásis fértil na aridez dos sentimentos.

Messe de amor

Solicitado por todos e por todos fiscalizado de perto, é como a árvore produtora que todos buscam esfaimados, guardando o direito de a apedrejar e ferir.

Recebe, assim, em silêncio, a perseguição gratuita e o punhal invisível da maldade, e planta-os na terra abençoada da oração humilde e nobre na qual se consomem todos os adversários da luz, vencidos pela misericórdia do Céu.

E, quanto possível, cultiva a prece em tua alma, com devotamento e confiança, e, trabalhando sem desfalecimento, faze dela o teu abençoado guia todos os dias e todas as horas, assegurando, imperturbável, a vitória do bem no roteiro da tua vida.

8

Queixas

𝓔 spanca a nuvem da queixa com os instrumentos de segurança plena, e apaga a fogueira da impulsividade que te impele aos atos impensados, afastando-te dos deveres para com a vida.

A queixa pode ser comparada a um ácido perigoso que sempre produz dano.

Na reclamação surge a maledicência que encoraja a calúnia, fomentando o desrespeito.

Todos guardamos compromissos com o passado, que ressurgem no presente como espinheiros da aflição, retificando erros, corrigindo distonias, reforçando a segurança.

Em razão disso, toda dificuldade pode ser considerada como favor da Lei Divina, concedendo ensejo à simplificação e ao reajuste da alma.

Aquilo que se nos afigura provação indébita é somente resgate indispensável.

O obstáculo que nos cerceia o avanço, impedindo-nos o êxito na Terra, embora passageiro, pode ser aceito como dádiva da vida ou favor celeste.

Não vitalizes, desse modo, os próprios problemas com a dilatação da queixa.

Enquanto reclamamos, espalhando o nosso amargor, difundimos o lado negativo da oportunidade de reparação, ofertando desânimo e tristeza.

Cada alma reclama um coração que saiba escutar e amigos que se disponham a ouvir, num testemunho de solidariedade.

No entanto, enquanto a queixa, em forma de revolta íntima, flui pelos nossos lábios, desperdiçamos o favor da hora, gastando indebitamente o tempo precioso de realizar e produzir em favor de nós mesmos.

O queixoso aclimata-se à lamentação e emaranha-se nos cordéis da teia em que se prende.

Guarda sempre o azedume.

Carrega noite no espírito.

Enquanto se detém no vão escuro do amor-próprio ferido, a pérola dos minutos muda de lugar, deixando-o de mãos vazias.

Messe de amor

Reclamar pode ser traduzido na linguagem do dever como rebeldia, e a queixa pode ser interpretada como insubordinação.

Não vale muito fugir ao ressarcimento na dor, complicando o problema, que retornará como fornalha de fogo e aflição para a devida solução. A tarefa não executada volverá, hoje ou amanhã, para o necessário refazimento.

Ultrajado e preso entre zombarias e bofetões, o Senhor desceu do Monte das Oliveiras cercado por sequazes do poder temporal, que ostentavam varapaus e archotes, para o supremo escárnio, sendo recolhido ao presídio, em absoluto silêncio, no qual buscava comungar com o Pai, haurindo, na Fonte Divina, a força para a vitória final.

Envolve nos tecidos do silêncio as tuas amarguras como Ele mesmo o fez.

Guarda n'alma o compromisso com o sofrimento, serenamente, de espírito robusto e coração confiante, arrimado à tolerância.

A fonte gentil vence a lama do fundo, para atender ao sedento que lhe roga linfa cristalina.

Vence as dificuldades onde quer que as encontres, e atravessa o sítio lodacento em que te demoras.

Não apresentes queixas à cordialidade dos amigos que te buscam.

Não te animarias a oferecer àqueles a quem amas borralho e cinza nos vasos da afeição, nem vinagre ou fel na taça da amizade.

A queixa cria pessimismo e estimula a ociosidade.

Ajusta o espírito à disciplina que corrige, para que a espontaneidade enfloresça os teus atos.

Honra os teus amigos com a esperança mediante um sorriso confiante.

Estende a palavra afável a quem te cerca de afeição, porquanto, embora esse coração amigo te pareça um bom ouvinte, abastecido de força e coragem, é, possivelmente, alguém lutando consigo mesmo, à cata de quem lhe oferte o lenitivo que parece possuir, para a dor do coração que se encontra em chaga aberta.

9

Chorando para servir

Anelas a ascensão na Seara da Luz onde se movimentam os teus passos, entretanto não desejas oferecer o tributo exigido àqueles que se afeiçoam à bênção do serviço.

Indagas como é possível a muitos companheiros manterem digna compostura na face, atendendo a compromissos diversos, no clima da assistência aos sofredores.

Contigo, em todas as tentativas de bem servir, insucessos assinalam os teus movimentos, empurrando-te para a retaguarda.

São incompreensões que surgem, inesperadas, e se transformam em espinheiros da aflição.

São dificuldades que nascem, miraculosamente, impedindo o avanço, e se instalam como escolhos de remoção difícil.

São lutas que recrudescem, violentas, grassando como labaredas voluptuosas, devorando a alegria.

São dissabores que se repetem, continuamente, amargando o pão da esperança.

São perseguições gratuitas que estabelecem pânico e agonia na casa mental, atemorizando e zurzindo.

São amigos que desertam, frequentemente, deixando compromissos pesados, que se fazem fardos esmagadores.

E apresentas as mãos calejadas, os pés feridos, o rosto gotejando suor, o coração magoado...

No entanto, eles, os que sorriem, também experimentam fortes vendavais no posto da luta.

Enquanto impõem ao rosto a expressão de alegria, não raro carregam o coração transformado em brasa viva a requeimar insistentemente.

Durante o tempo em que ajudam, conduzem a mente abrasada, confundindo a inquietude que portam com a aflição do próximo.

Transformam a dor em expressão de combate e lutam, sem queixumes, certos de que a transferência do dever gera problema complicado para quem busca fugir.

Não te lamentes nem ambiciones uma paz inoperante a medrar na indolência.

Messe de amor

Sustentando o monumento, a base desconhecida não reclama sua posição inferior. Todavia, sem ela, a obra de arte não teria apoio que lhe favorecesse a contemplação e o brilho.

A dor, anônima e silenciosa, é a base do êxito de qualquer empreendimento.

Seja a honra de quem serve a satisfação de servir.

Aprende, assim, a transformar as lágrimas, com que o dever te experimenta, em sorrisos de alento para os mais tíbios e, certo de que todos, na luta, estamos sofrendo para aprender e chorando para servir, liga o pensamento ao Senhor, que até hoje, sem reclamação, não encontrou em nossas almas um lugar seguro para a paz e o justo repouso.

10

Persistir na ideia

Quando Henry Ford explicava aos grandes capitães da indústria elétrica os pormenores de um motor a gasolina, que ele construiu em 1896, Thomas Edison exclamou: – ...*Persista na ideia!*

E fixando a mente na ideia vitoriosa, revolucionou os *carros sem cavalos*, abrindo horizontes para uma era nova.

Nenhuma ideia é, por si mesma, tão perfeita que não necessite de aprimoramento, nem tão imperfeita que não possa ser melhorada.

A moeda que adquire medicamentos para a enfermidade também passou pelas mãos de malfeitores.

Muitas vezes, a ideia do bem chega ao homem tosca e abrutalhada, mas, depois de sofrer retoques valiosos, transforma-se em bênção para muitos.

As pessoas que mudam de ideia frequentemente quase nunca realizam qualquer coisa de valor.

Para o sucesso de todo empreendimento, *persistir na ideia* é impositivo indispensável.

Sem a perseverança que aprimora, as realizações precipitadas malogram, quase sempre e invariavelmente, deixando amarguras e desaires.

Todas as ideias têm sempre algo de bom, quando as podemos conduzir em benefício de alguém.

A labareda que arde é veículo da purificação, tanto quanto o lixo que tresanda putrefação é depósito de fertilidade.

Não intentes a tarefa da evolução, nas linhas do Cristianismo, sob o impacto de ideias momentâneas...

Há vinte séculos a ideia do Cristo vem sacudindo a Terra sem lograr penetração integral no coração humano.

No entanto, Ele persiste, persuasivo e gentil, oferecendo o material necessário para a transformação dos caracteres do homem, em face dos dispositivos da Sua doutrina de amor.

Tocado pelo convite da Vida verdadeira, persiste na ideia de renovação interior, e empreende a

Messe de amor

batalha infatigável do bem de todos, removendo os obstáculos íntimos à tua ascensão.

O fogo persiste e devora florestas impenetráveis.

A luz insiste e desenvolve o embrião.

O filete de água persevera e dá origem ao rio caudaloso.

O grão de trigo se afirma e dele nasce o pão.

A pedra trabalhada ressurge noutra expressão.

O pântano drenado renasce com outra face.

O deserto irrigado reaparece modificado.

Insiste nas ideias superiores e remodela as perniciosas que te visitam a casa mental.

Alça o pensamento a Jesus Cristo, o Sublime Idealizador, e deixa-te inspirar por Ele, plasmando em teu foro íntimo a incoercível força do bem em forma de vida e alegria para ti mesmo.

11

Inveja

É fácil chorar a dor com quem chora, oferecendo a pérola líquida que expressa cooperação e sentimento.

Junto à dor a alma experimenta o anseio de atender, contribuindo com o tesouro abençoado da solidariedade.

Ao doente se distende o vidro portador de medicamento, e ao esfaimado, raros somente negam a dádiva do pão.

Ante a dor, mesmo o coração empedernido chora e alonga as mãos, procurando socorrer.

É natural descer para ajudar, quando se está em cima.

Há, entretanto, uma caridade diferente e esquecida, atrás de cujas portas fechadas poderás atender a almas perdidas em cruéis despenhadeiros, emaranhadas em cardos pontiagudos.

Poderemos considerá-la como o júbilo que decorre da participação da felicidade alheia.

Estar embaixo, na escassez, e abençoar a fartura de quem está no alto.

Experimentar gáudio e contentamento com o sucesso dos amigos, sem nada pedir, sem nada desejar.

No silêncio da aflição e da angústia, participar da felicidade que sorri no coração do vizinho e do amigo.

Não poucas vezes, no entanto, deixamos que o despeito e a inveja destilem o veneno da revolta no campo da nossa alma.

Se a vitória está com um velho amigo, afastamo-nos dele, justificando: *Está diferente!*

Se ele nos busca, tentando ajudar-nos, reagimos com falsa humildade: *Tudo está bem!*

Todavia, de escantilhão murmuramos, ferimos, azorragamos, caluniamos...

No recesso do ser, a invigilância arma ciladas para a cólera contida, e se o coração em mira tomba, por fatores de outra ordem, exclamamos: *Quem não esperava? Todo orgulho sempre recebe castigo...* e, no ádito do ser, permitimos o sorriso mentiroso da felicidade, procurando socorrer, não para ajudar, mas para situar-nos na posição de quem está superior, oferecendo auxílio...

Espírita, meu irmão: sabes que há muita lágrima molhando finos lenços de cambraia de linho e muitas feridas ocultas em pesados tecidos de brocado ou renda, que nem todos identificam.

Serpe impiedosa é a cobiça. Não a alimentes, para que ela não te envenene.

Ajuda, também, aquele que aparenta ser feliz, orando por ele.

Foge à inveja, como quem se furta ao contágio de enfermidade cruel.

Distancia-te da maledicência.

Afoga, na oração, a vida perniciosa do despeito.

Humilde alfinetada pode ser portadora de terrível infecção, tanto quanto singela gota de veneno pode ser mensageira da morte.

Usa a palavra gentil, como a flor se deixa identificar pelo aroma que espalha.

Quando tudo estiver difícil e escuro em teu coração ou em redor dos teus passos, recorda que a noite de tormenta, além das nuvens pesadas, está recamada de milhões de fulgurantes astros, e que o cardo amaldiçoado, em silencioso abandono, também se arrebenta em floração noturna que balsamiza o ar transparente e voejante.

Recorda o Carpinteiro Galileu, que, atendendo a Simão, o rico cobrador de impostos, lhe abençoou a fortuna, fazendo inesquecível repasto no seu suntuoso palacete, embora no auge do ágape, pobre mulher endemoninhada, procurando-lhe o socorro, tenha recebido a seiva da vida eterna, como doce alento para nós todos, no conceito de que *por muito amar, todos os seus pecados eram perdoados*. E demora-te feliz, onde estejas, com as altas provações que o dinheiro e o poder ou as demais concessões-empréstimos divinos poderiam solucionar se os tivesses, e vês chegarem em fartas messes para outros corações.

12

No grande bem

Não esqueças da eficácia da prece, no caminho do grande bem.

Quando estamos a serviço dos elevados ideais, não raro as tormentas nos surpreendem os passos, a cada instante.

Sob variadas formas, forças conjugadas nos seguem, assaltando-nos a paz interior, a rudes golpes de impiedade bem dirigida.

Nem sempre é claro o céu do cristão decidido, quando servindo a Jesus.

Por enquanto, a Terra não o pode compreender, nem os amigos sabem ajudar.

Há aqueles que cooperam com real disposição, mas enxergam tudo pelo ângulo errado, entre o pessimismo prejudicial e a ansiedade improdutiva.

Se o companheiro permanece resoluto no serviço e avança confiante, é tomado por autossuficiente e vaidoso, em grande perigo...

Se acolhe as opiniões de quantos o cercam, é identificado como sem definição e covarde...

Se resolve os problemas à medida que estes surgem, sem consultar os companheiros de labor, é tido como prepotente e exagerado...

Se se oferece de coração, até o sacrifício, em favor dos outros, é observado como fanático e louco...

Se encontra, na precaução, o antídoto para o insucesso, é reconhecido como homem sem fé...

Se oferece ao agressor a outra face, é analisado como pobre de caráter...

Se evita que o atentado se repita, é apontado como falso cristão...

Entre os companheiros, só raramente medra fraternidade sem incompreensão nem suspeita, exigência nem acrimônia.

Por isso, não consideres o mal, além do pouco valor que tem.

Somos filhos da Luz...

Confiemos na Luz do Céu...

Nuvens de maledicência ensombram o trabalho? Avança ao encontro do sol da verdade.

Messe de amor

Pragas, em forma de intriga, atacam a plantação da fé? Usa o inseticida da coragem e marcha para a verdade.

Suspeitas e mentiras cercam o campo onde operas? Aumenta a confiança no tempo e continua para a verdade.

Dores de variada espécie te afligem? Continua no serviço e segue para a verdade.

A obra do grande bem em favor de todos exige pesado tributo.

Não negues à tua plantação o concurso do próprio suor.

Não regateies às débeis plantas do teu solo o orvalho das tuas lágrimas.

Recorda o Divino Mestre, postulante da incansável Verdade eterna, crucificado pela intriga habilidosa, mas Vivo e Imortal, depois das sombras do sepulcro, voltando aos acusadores para estender-lhes a glória da Boa-nova em triunfo.

13

Sofrimento e aflição

Ei-los misturados em todo lugar.

Sofrimento causado pela evocação de um amor violento que passou célere; e aflição de quem, não tendo amado, deseja escravizar-se desnecessariamente.

Sofrimento decorrente do desejo de perseguir quanto gostaria de fazê-lo; e aflição porque, perseguido, não tem oportunidade de também perseguir.

Sofrimento pela dor que anseia agasalho no coração; e aflição em face da dor que vergasta, por não poder fazer quanto gostaria, comprometendo-se muito mais.

Sofrimento nascido do desequilíbrio da ambição que deslocou a linha básica do caráter; e aflição porque, desejando e tendo tanto, não pode fruir quanto pensava gozar.

Sofrimento derivado da revolta de não possuir felicidade nos moldes que planejou; e aflição por ter a felicidade ao alcance das mãos, constatando, porém, quanta treva e pranto se agasalham no manto brilhante dessa felicidade ilusória.

Sofrimento por muito ter e constatar nada ter; e aflição por nada ter e descobrir quanto poderia ter.

Sofrimento na cruz do desequilíbrio; e aflição do desequilíbrio na cruz do dever reparador.

Sofrimento em quem luta pela reabilitação; e aflição em quem, errando, não tem força para reabilitar-se.

Sofrimento que vergasta; e aflição buscada para vergastar.

No entanto, é o sofrimento uma via de purificação, e a aflição, um veículo de sofrimento para quem, mantendo o encontro com a verdade libertadora, elege, na recuperação dos valores morais, a abençoada rota através da qual o Espírito se encontra consigo mesmo, depois das lutas fúteis do caminho por onde jornadeiam os desatentos e infelizes.

Com Jesus tens aprendido que sofrer, recuperando-se interiormente, é libertar-se, e afligir-se, buscando renovação, é ascender.

Messe de amor

Empenha-te no valoroso esforço de eliminação do mal que reside em ti, pagando o tributo do sofrimento e da aflição à consciência, certo de que, antes da manhã clara e luminífera da Ressurreição gloriosa do Mestre, houve a sombra da traição e a infâmia da crueldade, como valioso ensinamento de que, precedendo a madrugada fulgurante da imortalidade triunfal, defrontarás a noite de silêncio e testemunho, que te conduzirá, porém, à radiosa festa de luz e liberdade definitiva.

14

Sinal do Cristo

Não te constranjam as próprias limitações no serviço de amor cristão a que te entregas.

Prossegue no roteiro do bem, felicitando o próximo, embora estejas sedento enquanto distribuis a linfa. A contribuição que nasce no suor e nas lágrimas carrega o sinal que a legitima.

Muitos companheiros apontarão as tuas falhas, procurando inibir o verbo que colocas à disposição da Boa-nova. No entanto, continua! Sabes que, no momento oportuno, terás os lábios selados e em silêncio, pelo Senhor, quando Lhe aprouver.

Não faltarão vozes que te apresentarão a pobreza moral que te deprime, enquanto ajudas outros que caíram a soerguer-se. Persevera, convicto de que, no justo momento, o Senhor paralisará os teus braços, quando queira.

Estarão no caminho aqueles que te conhecem as imperfeições, não admitindo que te transformes em vanguardeiro do sublime ideal que apregoas. Todavia, tens a certeza de que, no tempo devido, o Senhor dispõe de recursos para retirar-te da cena, quando deseje.

Segue, portanto, a reta estrada da fé, trabalhando na caridade sem fronteira.

Reconhece os próprios defeitos, mas não te detenhas neles.

Só as plantas parasitas se nutrem das árvores mortas, tranquilamente.

Jesus é Vida, e Doutrina Cristã é ação.

Vai adiante!

Trabalha pelo bem e em teu próprio bem.

Não ofereças a concha dos teus ouvidos ao veneno da maldade alheia. São doentes, todos os acusadores, que se detêm em enfermidades graves.

Se te informarem que se conhecem as doutrinas pelos homens que estão nelas, com o objetivo de ferir-te a sensibilidade, recorda, em silêncio, o Colégio Galileu, constituído de ladrões, decaídos e infelizes, no qual sobressaíram Judas, um traidor, Pedro, um negador, que, todavia, foram eleitos amigos do Mestre. Foi, porém, graças a eles que se notabilizou

Messe de amor

a fibra inquebrantável da fé pura, durante três séculos de martírio, que fecundou as arenas sanguinolentas com o sacrifício das próprias vidas. Graças a eles, hoje conheces o Divino Amigo...

Se quantos se dizem sadios soubessem das enfermidades soezes que lhes minam o organismo, desfaleceriam de horror.

Descobre-se o câncer, quando ele se põe à mostra. Quem poderia informar, com segurança, quando se teria rebelado, desorganizada, a primeira célula cancerosa?

Julgar a Terra um grande hospital, porque milhares de homens estão hospitalizados, seria pecar por excesso de pessimismo, considerando-se ser o planeta abençoada escola de almas.

Enquanto muitos aguardam a purificação para ajudarem a pureza dos outros, morrem, à míngua, vários contaminados morais.

Se o médico se recusasse a atender os enfermos porque está com a saúde algo abalada, bem grave seria a posição da Medicina.

Não te deixes descoroçoar, pois, com o aguilhão dos acusadores gratuitos.

Os que estão à margem somente enxergam um trecho do caminho. Em razão disso, não merecem a consideração da tua agonia.

Deixa-os, onde se comprazem, amolecidos e enfermos.

Segue além! Mesmo sabedor das limitações íntimas, rememora que sedento algum jamais inquiriu as qualidades morais de quem lhe oferece um copo d'água fresca.

Ninguém perguntará, também, quem és ou donde vens, mas o que tens para dar em nome de Jesus, como sinal de que Ele está contigo e tu com Ele.

E, ligado ao Espírito do Cristo, no amor da caridade, acende luzes na noite das almas até o momento em que a luz d'Ele fulgure em ti, abrasando todo o teu ser e queimando todas as tuas iniquidades.

15

De referência ao dinheiro

Na Terra, as coisas têm o valor que lhes dás, e, entre outras, o dinheiro tem a primazia que lhe ofereces.

Com ele consegues o pão e através dele segues a aventura louca do poder ou o louco poder da aventura.

A grande maioria dos homens vive para consegui-lo, e o acumula malsinando, perseguindo, infelicitando-se...

São os grandes infelizes felicitados por moedas sem real significação nos cofres da paz.

Outros, não o possuindo, sofrem as consequências das cruentas lutas travadas sem trégua nem quartel, buscando-o.

São os infelizes infelicitados pela falta de numerário.

No entanto, poderiam ser felizes os que possuem, pela felicidade que se propiciariam, proporcionando felicidade aos infelizes; e ditosos os que se creem infelizes por não possuírem, felicitados pelos iminentes perigos de que estão livres, por não estarem escravos de valores que ficam com o corpo e, normalmente, são a causa do aniquilamento do próprio corpo.

Quando é possível reduzir o dinheiro à função para a qual existe – instrumento de trocas –, encontra o homem o roteiro iluminativo para a felicidade interior, longe dos tormentos capitais em que se atiram os invigilantes.

O dinheiro em si mesmo não é bênção nem maldição, mas objeto de permuta. Possuir ou não possuir dinheiro não é fator positivo ou negativo de felicidade. Acima da posse ou abaixo dela, está a posição de quem possui ou deixa de possuir.

Se muitos são escravos do *que têm*, muitos há que são como servos submissos do que *não têm*. Desse modo, o dinheiro, que poderia ser amigo do homem, dele se faz sicário, obrigando-o a viver em função dele, para ele e em busca dele.

O dinheiro não compra, em ocasião alguma, as migalhas sem preço que constituem a felicidade real: um sorriso de espontânea simpatia; o amor que nasce nas fontes do sentimento puro; a paz que se enflora na afeição legítima...

Podendo adquirir muito, na Terra, o dinheiro, no entanto, é mais fator de insatisfação do que de paz. Talvez, por essa razão, o refrão popular ensina: "O homem feliz, na Terra, não tinha camisa"...

Ergue o pensamento ativo, acima das próprias lutas de todo dia e ausculta o pensamento divino espalhado na Grande Casa de Nosso Pai. Ouvirás a mensagem clara da felicidade, falando, sem palavras, *em mil vozes*: "Ama e serve; desculpa e passa; semeia o bem de toda forma e, confiando sem cessar, encontrarás em ti mesmo o tesouro incorruptível da harmonia interior, que nada compra e fator algum destrói", retornando às atividades habituais, jubiloso e livre das angústias da posse do dinheiro, seguindo empós Aquele que, sendo o Senhor do mundo, fez-se o servo de todos, como Modelo de Perfeição Ideal.

16

Opiniões

Respeita a opinião dos amigos e examina judiciosamente o que eles falam. No entanto, não te detenhas nas opiniões alheias, partidas dos julgamentos convencionais da multidão.

O respeito humano e a hipocrisia lhes dão vigor e força que, todavia, não te podem atingir.

Por ajudar a todos, indiscriminadamente, chamar-te-ão tolo.

Por confiar em Deus, desassombradamente, considerar-te-ão ingênuo.

Por amar muito e com abnegação, nomear-te-ão como fraco.

Cultivando a misericórdia em nome do Céu, apontar-te-ão como imbecil.

Exercitando a previdência em favor de ti mesmo e dos outros, identificar-te-ão por velhaco.

Ensinando a verdade e vivendo-a, repelir-te-ão como fanático.

Serve e persevera, mesmo que a multidão escarnecedora se volte contra o teu trabalho.

Sorri e passa, embora identificando a zombaria em derredor.

Não deixarás de ser prudente porque te ignorem o equilíbrio.

Não serás menos sábio se não te constatarem a lucidez.

Embora essas vozes não te considerem o culto à família, o respeito às leis e a submissão a Deus com o amor ao próximo, examina-lhes as instruções verbais. São elas que discursam e escrevem sobre direito e dever, justiça e trabalho, moral e fé, cultura e ciência.

Os seus líderes envergam fardões reluzentes e traçam normas de conduta para épocas demoradas, imortalizando os nomes em letras de forma. O culto, porém, à vaidade não lhes permite praticar o que ensinam.

O excesso de palavras com que adornam as linhas essenciais mata o espírito e desacredita, no íntimo deles, a legitimidade do que asseveram.

Messe de amor

Continua, confiante!

As opiniões são ornamentos dispensáveis. Só a ação reta, incessantemente praticada, ensinar-te--á com proveito as lições dos deveres perante o Pai Celestial.

Não te canses com eles, nem os hostilizes.

Nem irritação, nem desalento. Todos os servidores fiéis do bem, sem razão de ser, foram vítimas do desdém, do sarcasmo e do reproche nas opiniões do povo...

17

Temperança

Nas atividades espíritas em que te encontras, o culto da temperança tem regime de urgência.

Temperança que medita, fala, manifesta atitudes...

Frequentemente defrontarás o abuso disfarçado de bom-tom e o erro mascarado de honorabilidade, como a aguardar vozes vigorosas que venham zurzir contra o embuste, utilizando os recursos da verdade, a fim de afastar a máscara da mentira, onde esteja...

Da mesma forma, encontrarás o ultraje vitorioso na boca da infâmia, o engano persuadindo nas malhas da ilusão, e a vacuidade sonhadora ampliando o círculo...

Facilmente identificarás a verdade em trilhas tortuosas, o conhecimento aplicado indebitamente e o programa de valores legítimos do homem em desorganizada utilização. Todavia, não te cabe a tarefa de juiz ou pontífice, em nome da verdade, utilizando a severidade, ferindo com precipitação, perseguindo, aniquilando esperanças... Muitos que estão em erro e nele permanecem são enfermos...

Seja a tua conduta representativa da luz e do bem, pacificadora e construtiva.

A abençoada tarefa de que te fazes tarefeiro contém, em si mesma, os valores capazes de manter a claridade nos corações, expressando a luminosidade dos teus objetivos.

Não que devas concordar com o erro ou aplaudir a desonestidade. Seria incrementar o crime e a insensatez.

Imanado ao Sublime Amigo por liames vigorosos, marcha para Ele, através da messe de amor, em cuja seara te encontras, certo de que a Ele compete a superior tarefa de corrigir os Espíritos que se acumpliciam à necessidade e se atiram, espontaneamente, nos abismos escabrosos...

Advogado da insigne causa do Pai Celeste, Ele sabe aplicar os corretivos da justiça, com pulso firme e coração amoroso, dirimindo equívocos, esclarecendo dúvidas e elucidando conceitos.

Messe de amor

Mantém a temperança e aprende a confiar no tempo, mesmo quando o tempo pareça conspirar contra o ideal que é teu objetivo.

Contém a ira, veneno letal que termina por extinguir quantos a vitalizam.

Detém o erro, convertendo a existência em santuário de honra, já que o enganado pune a si mesmo, nos dédalos do excesso e da perversão.

Susta as inquietações com a prática do bem, já que o inquieto, dirigido pela impulsividade de que se faz instrumento, tombará invigilante na estrada em penumbra por onde segue.

Sela a boca aos maus conceitos, já que os vasos acostumados a conduzir miasmas fétidos não podem ser utilizados para conduzir perfumes especiais.

Purifica-te e purificarás o mundo inteiro, vivendo integralmente Jesus e agindo em nome d'Ele durante todos os dias de tua vida, com temperança e equilíbrio, pautando a conduta na Sua modelar conduta.

Convicto de que a sementeira de amor não gera ódios e de que a plantação do bem não se converte em males, pontifica em teus compromissos elevados por anos a fio, e despertarás, depois da lama e cinza em que se converterá o teu corpo, livre de todo tormento, com o coração tranquilo e a mente pacificada.

18

Fidelidade à fé

Ouves o clamor da multidão desvairada...
Vozes tumultuadas chegam aos teus ouvidos, chamando...
Gargalhadas, em festas estrondosas, repercutem na câmara auditiva da tua alma, como se representassem felicidade...
Desfilam ante os teus olhos, no banquete das ilusões, as personagens da comédia do dia a dia...
Acompanha-as com o olhar úmido, como se ele expressasse a tua soledade no mundo em confusão...
Gostarias de segui-las, participando com elas da algaravia e do prazer...
Parecem tão ditosas!...

Chamam-te e zombam da tua distância; convocam-te ao jogo agradável das emoções e ridicularizam a tua permanência na dignidade; apelam para os teus sentidos e gritam, revoltadas, que estes se inibiram nas tuas carnes sem vibração...
Apresentam-te loucuras e, porque te demoras no posto do dever, derramam, chasqueando, a baba do desrespeito no corpo que honras. E compreendes que estás desajustado no mundo hodierno...

São incompatíveis, realmente, a fé espírita, que difunde o pensamento do Cristo, e a conduta profana, que vibra em nome de Mamon. São pontos opostos: a linha cristã da definição espiritista e a conduta maleável do cidadão do mundo...
É certo que caminharás em soledade, experimentando, muitas vezes, um leve travo de amargura nos lábios, como se ele traduzisse a tua dor. Todavia, não temas o sofrimento. Aquele que sua, receoso, ante o dever a cumprir, poucas vezes atinge o ponto do dever cumprido. Faz-se necessário esmagar, na resolução firme, todos os apelos do *homem velho*, para que, das fibras diaceradas que se recompõem, nasça o *homem novo*, como dos escombros orgânicos da lagarta, na histólise, surge a borboleta que voa, ligeira, singrando os céus livres...

Não te compreenderão os companheiros. Justificarão que o programa da fé nada tem que ver com a conduta do homem, como se se pudessem demarcar as fronteiras entre o efeito e a causa, esta e aquele. Outras vezes procurarão dizer-te da necessidade de viver consoante vivem os outros, para que não sigas uma linha paralela, qual se fosses um marginal. E é compreensível. Quando a virtude tem constrangimento em aparecer, porque a desonra é muito aplaudida, é natural que o homem que preza a vida casta, no culto do dever, sofra o aguilhão do medo, em meio aos corações desesperados. O exemplo, porém, é a luz da vida, e Aquele que te chama preferiu o escarnecimento e a cedência ao abraço de César e à acomodação na palaciana residência do governante de Israel. Pregando a doutrina do exemplo, não triunfou entre os triunfadores do mundo, mas sobrepujou-os a todos, como vencedor de todos os vencedores.

Podes fazer o mesmo, e fá-lo-ás se te ligares intimamente a Ele e mantiveres a tua fidelidade à Doutrina Espírita, que te oferece recursos para ser abundante quando tudo escasseia, feliz nas horas difíceis e a descobrir tesouros ignorados de luz, embora a noite plena, vitoriosa nos seus tecidos de sombra...

Sabes que retornas de um passado multimilenar, marcado por erros graves. E pelas cicatrizes que ameaçam transformar-se em novas feridas, conheces que as condecorações do cristão são as marcas vitoriosas no espírito macerado, depois das lutas vencidas...

É imperioso velares pela paz que guardas contigo.

A lâmpada que não recebe combustível cedo se apaga.

O rio que não se atreve a vencer barreiras não atinge o mar.

És um Espírito em crescimento e se os golpes da dor parecem vigorosos, não há por que temê-los.

O bloco de pedra bruta se converte em estátua, adquirindo forma e beleza, a golpes de escopro vigoroso.

Deixa, pois, que a dor te cinzele o íntimo, arrancando, das múltiplas personalidades que conservas de reencarnações fracassadas, o espírito ilibado, avançando para o infinito...

Firma-te na convicção imortalista, e constatarás que as joias que aderecam os homens nada valem quando os dedos não podem sustentá-las.

E aprenderás, amigo em combate, que do atrito benéfico sairás, em breve, fulgurante como um raio de sol que, em se desprendendo do Astro-rei e jornadeando, em plenitude, atravessa tudo sem contaminar-se, e por mais viaje não se extinguirá jamais.

19

Afinidades

    Para que os Espíritos da Luz se afinem contigo, é imprescindível movimentes os recursos do vaso orgânico, renovando conceitos e atitudes em torno do seu uso em todos os teus dias na Terra.

As emoções grosseiras são mais facilmente registradas por enxamearem em todos os departamentos do planeta.

No entanto, para que assimiles e reflitas as imagens da Vida espiritual, necessitas recuperar a pureza com que recebeste o corpo das mãos dos benfeitores egrégios antes do renascimento.

Olvida a queixa e a tristeza, e se tornarão mais maleáveis os teus centros de registros psíquicos.

Esquece a maledicência e a hipocrisia, que viciam os órgãos vocais, e a inspiração do Alto escorrerá mais abundante pela tua boca.

Recupera o equilíbrio das emoções, e as sutis vibrações animarão o teu organismo.

Disciplina os nervos, e todo o sistema, gozando de invejável harmonia, transformar-te-á num conduto perfeito para as vibrações celestiais.

Desenvolve os sentimentos bons e a comunhão com as belezas das verdades eternas, através de uma fé pura e nobre, que consolará a tua alma, consolando a muitos.

E, além disso, os numes tutelares, simpáticos ao teu esforço infatigável, virão ao teu encontro atraídos pela irradiação expressiva dos teus elevados desejos.

Se, entretanto, não pretendes intentar e manter essa batalha da luz continuada contra as trevas espessas do passado em formas-pensamento vampirizantes, não te candidates à afeição dos Espíritos puros, porque a diferença vibratória entre ti e eles dificultará quaisquer tentativas intempestivas de união sublime.

Todos recebemos o auxílio divino no esforço real da elevação de propósitos. Todavia, convém recordar que a consciência individual é livre, sofrendo as consequências posteriores aos compromissos da escolha espontânea.

Messe de amor

Liberta-te, ainda hoje, do jugo das Entidades perversas com as quais afinas, por impositivo do pretérito e, rompendo os elos que te retêm, alça o pensamento às elevadas Esferas, desdobrando os braços no trabalho continuado e desenvolvendo o embrião da alegria pela liberdade, certo de que Jesus, que até hoje te espera, receber-te-á de braços abertos ao final dos rudes embates.

20

Reclamação e esforço

Antes da reclamação, examina se não és o responsável pelo insucesso do empreendimento.

A queixa constante afasta a generosidade dos amigos.

Há corações que se converteram em taça vinagrosa, dominados pelo hábito inveterado da reclamação injustificável.

Embuçada ou ferina, a invectiva lamentosa faz-se acompanhar de triste séquito, no seu desiderato infeliz.

Quando aprendemos a lutar, não nos detemos ante óbices.

A fonte não reclama contra o lodo que tenta subjugá-la, nem a tenra plantinha maldiz a força do solo que a impede de crescer.

Para enfrentar as dificuldades ou a inspiração dos perversos e maus, o único recurso é armar o coração com a luz do amor e a claridade da sabedoria.

Todos guardam, enquanto no orbe terrestre, aflições e problemas, por ser a Terra a abençoada escola onde se travam as batalhas do esclarecimento libertador contra os milenários fantasmas do crime e da abjeção extrema, filhos da ignorância.

Faz-se inadiável o processo da reação educativa contra o mal, antes de cogitares imprecar contra ele, procurando a justa elevação das ideias e sentimentos.

Sem o curso normal de consolidação de bons propósitos, inútil redunda o desejo de melhoria íntima, sendo danosa a atitude de reclamação.

Cabe, primeiramente, aprender a viver com nobreza, embora a névoa carnal, que dificulta a clara visão.

Quem não se acostuma às lutas ascensionais não poderá pretender o repouso nas alturas.

A acomodação é adversária da ação.

Se árduas lutas te cingem a mente a passado danoso, recorda que sempre é tempo para recomeçar e esquecer.

Não permitas que a indecisão te assinale a busca da paz.

Messe de amor

Nem perturbes com as tuas dificuldades renitentes a paz dos outros a teu lado.

Esforça-te e renova-te incessantemente.

Alimenta a ansiedade com a oração; socorre a amargura com o trabalho; atende a melancolia, ajudando os outros; vence o tédio, amanhando o solo; recebe a decepção continuando a obra do bem; despede a angústia, no esforço da alegria alheia; suprime a dor, doando tua debilidade a Jesus Cristo...

Não pares a examinar ou a lamentar, demorando-te nas escuras províncias das lágrimas e da dor, como quem se encontra desamparado.

Dirige os olhos na direção da nascente matinal, deslumbra-te com o claro Sol e viaja com ele...

Quando parecia vencido, injuriado e ferido, o Mestre, sem reclamação nem revide, deu-se a si mesmo pela felicidade de todos, oferecendo à posteridade o legado do Seu sublime e insuperável exemplo. Faze o mesmo!

21

Prossegue lutando

Levanta o espírito combalido e prossegue lutando:
A terra sofrida pelo arado mais produz.
A fonte visitada pelo balde mais dessedenta.
A árvore abençoada pela poda mais frutifica.
O coração mais visitado pela dor mais se aprimora.
Não te canses de lutar!
A reencarnação é oportunidade abençoada que os Céus concedem para refazimento moral, ajuste de contas e saldamento de dívidas.
Não te aflijas ante a imperiosa necessidade de resgatar.
Bendize as horas de dor, que passam como passam os momentos de prazer, avançando na tua

luta, caindo para levantar, chorando por amor ao ideal e sofrendo por servir. Para onde sigas, defrontarás a luta em nome do trabalho sulcando o solo da Humanidade.

A luta é clima em que são forjados os verdadeiros heróis, e o sofrimento é a célula sublime que dá origem aos servidores verdadeiros.

Há mães que no sofrimento se converteram em anjos estelares; há corações que no sofrimento se transformaram em urnas sublimes de amor; há criaturas que no sofrimento se renovaram, fazendo de si mesmas sentinelas vigilantes, em defesa dos infelizes.

Prossegue lutando!

Esquece o próprio cansaço e escreve páginas de consolação; cessa de chorar e enxuga outras lágrimas com o lenço da tua compreensão; asserena tua inquietude e repete os excertos sobre a imortalidade, de que tua alma está impregnada pelos zéfiros do Mundo espiritual, junto aos que nada conhecem do Além-túmulo...

Há favônios cantantes que trazem blandícias de prece e te falam aos ouvidos, quando te aquietas para orar.

Não percas a oportunidade de sofrer nem te desalentes porque a dor te visita.

Quando menos esperares, um anjo incompreendido chegará de mansinho às portas do teu

Messe de amor

corpo e, selando teus lábios com o sinete da desencarnação, tomará tua alma de improviso. Abençoarás, então, ter prosseguido lutando.

E se considerares que as provações que te visitam agora são aparentemente maiores do que tuas forças, recorda Jesus, o Anjo Crucificado, que, no Gólgota, ainda pôde, sofrendo, prosseguir lutando, quando, atendendo à súplica do larápio infeliz, esperançou-o com o ensejo de entrar no Paraíso. E guarda a certeza de que, prosseguindo lutando, já estás no paraíso desde hoje.

22

Fenômeno e Doutrina

Procura o Cristo vivo em qualquer escola de fé onde te encontres.

O essencial não é a adoção da crença pelas vantagens aparentes que ela oferece. É imprescindível estar ciente, por experiência pessoal, dos objetivos que a vitalizam.

A crença, nos moldes tradicionais, é rotulagem de fé. A Ciência, pela participação ativa dos postulados, é comunhão com a fé.

Por isso, é necessário demandar o fulcro do pensamento acolhedor da crença para cientificar-se da sua legitimidade.

O crente é apenas um observador inoperante.

O ciente é um realizador ativo.

O primeiro produz para fora. Guarda a compostura da face, liga-se às fórmulas, entusiasma-se com as exposições, colabora com migalhas, presta satisfações, agrada...

O segundo realiza por dentro. Dispensa aparências, desdenha as rotinas, não valoriza hierarquias, raramente agrada, vive...

No primeiro empecilho, o crente queixa-se e foge, enquanto o ciente luta e sofre.

O crente vence no mundo porque a ele pertence. O ciente perde no mundo porque vence as convenções da superfície humana.

Um se faz triunfador, recebendo honrarias e destaque social. As homenagens vestem-no com os ouropéis da falsa superioridade e dão-lhe embalagem da santificação.

O outro parece vencido. Desinteressa-se das coisas vás, vencendo-se, libertando-se. Ninguém lhe descobre o valor.

No entanto, é nele que cantam as vozes da Mensagem Cristã, chamando-lhe a alma ansiosa e leal.

O exterior é fenômeno que passa.

O interior e consistente é doutrina que fica.

Assim, não te preocupes, no Espiritismo, com o fenômeno da mediunidade.

Em todas as épocas da Humanidade as vozes falaram de maneira inteligível e sábia. Mas não se

Messe de amor

tem notícia de que os intermediários dessas vozes se entregaram desinteressadamente ao mister da própria elevação e da assistência fraterna dos demais.

Uns fugiam do mundo como se fossem bem-aventurados, silenciando a palavra. Eram chamados santos.

Outros se encastelavam no privilégio que a si atribuíam e enlouqueciam, tomados pelas forças sedutoras da presunção. Eram conhecidos como magos.

Somente alguns porfiaram até a morte, abafando as vozes ao crepitar das chamas que os consumiram, nas fogueiras tormentosas. Foram os mártires.

Alguns corações que hoje buscam as sessões do Espiritismo prático identificam os Espíritos, beneficiam-se e passam, iludindo-se quanto ao porto final...

Outros, irresponsáveis e fúteis, demoram-se nas pesquisas, desejando mais, sempre mais.

Creem agora, duvidam mais tarde.

Empolgam-se hoje, desinteressam-se amanhã.

Lembra-te do Espiritismo praticado e preocupa-te com o espírito da Doutrina.

O fenômeno é meio. A Doutrina é fim.

O fenômeno é informe. A Doutrina é esclarecimento.

O fenômeno chama. A Doutrina conduz.

O fenômeno é instrumento da Doutrina. A Doutrina é a vida do fenômeno.

O fenômeno sem a Doutrina reduz-se a um amontoado de informações sem valor. A Doutrina sem o fenômeno permanece indestrutível como organismo poderoso de esclarecimento e de salvação.

O fenômeno precedeu a Doutrina, e esta o superou.

Procura, assim, na Doutrina Espírita, o Cristo realizador e, ligando-te a Ele pela ciência da crença, prossegue infatigável no teu programa de aperfeiçoamento, esforçando-te pela redenção de todos.

23

Reino dos Céus

Pesquisaste, arrebatado, páginas comoventes e nobres que encerravam a linguagem do Reino dos Céus.

Ouviste expositores fluentes, informando as excelências do Reino dos Céus.

Acompanhaste missionários que erigiram templos onde se pudessem guardar as mensagens do Reino dos Céus.

Retiveste, na mente, ensinos candentes a respeito do caminho para o Reino dos Céus.

Meditas, extasiado, sobre as paisagens do Reino dos Céus.

E sonhas, fascinado, ante a esperança de entrares no Reino dos Céus.

Todavia estás na Terra...

Lama e dor em toda parte.

Ignomínia e crime em enxurradas de ódio onde flutuam venenos e pestes.

Mentiras e traições emoldurando as telas mentais dos homens.

E deixas que a amargura vinque a tua face, macerando tua alma.

Desejarias saltar do trampolim da fé às cristas procelosas do oceano dos homens em aflição, atingindo a plataforma celeste, de um só impulso.

Mal sabes que o escritor das páginas impregnadas de beleza sofre também no vale das sombras, sedento de luz.

Ignoras que o pregador carrega urzes no coração e tem as mãos feridas no trato com o trabalho.

Desconheces as lágrimas que se derramam pelas faces dos apóstolos, no labor abençoado.

Não estás informado das distâncias entre o ensino e a ação, nem te apercebes de que há muito céu a descobrir nos corações humanos e muita luz a esconder-se nas paisagens da aflição.

O céu do gozo começa na terra do trabalho, como a árvore gigante surge na semente minúscula.

Desdobra as percepções e apura os ouvidos.

Muitos preconizam a paz social em guerrilhas familiares a que se não podem furtar.

Outros ensinam a verdade, utilizando a astúcia, como se a sagacidade fosse o instrumento de manejo nobre a serviço do ideal.

Encontrarás missionários atarefados com as igrejas e almas abandonadas sem pastores nem agasalhos.

Não intentes um paraíso para ti, longe do trabalho fraternal aos irmãos da margem.

Nem acredites em repouso justo sem a contribuição do necessário cansaço.

Há muita felicidade que é ociosidade negativa, como muita expressão que é veneno verbal.

O Reino de Deus – disse o Mestre – *está dentro de vós mesmos.*

Atende ao aflito, vigia as tuas atitudes, espalha a luz do entendimento, trabalha sem cansaço, verificando que o terreno desolado, quando arroteado com amor e perseverança, transforma-se em jardim colorido e perfumado.

Busca, desse modo, os céus da santificação; primeiro, porém, santifica-te na Terra, transformando-a em bendito pomar de felicidade perene, a um passo da glória da Imortalidade.

24

Mesmo assim

Diante dos nobres ensinos com que a Nova Revelação te enriquece, Jesus continua como roteiro, e a mensagem do Evangelho, narrando a jornada d'Ele, é o programa de sempre.

Por isso, ainda agora não há alternativa, nas várias circunstâncias da vida, que não a inspirada na Sua vida.

Perdoar a todos...
Seguir, intimorato, a diretriz superior...
Transformar espinhos em flores...
Converter vinagre em linfa refrescante...
Orar e vigiar...
Amar a todos...

Servir sem indagações...
Amparar os que te perseguem...
Desculpar sempre e prosseguir sem mágoas...
Ceder a indumentária, mesmo que ela seja tudo...
Permutar pedras de aflição por moedas de luz...
Acender a luz do discernimento...
Caminhar fiel ao programa que o próprio Mestre exemplificou – eis a diretriz que não podes desconsiderar.

Em qualquer construção, as tarefas humildes não deixam de ser valiosas.

Igualmente, no Cristianismo és operário valioso, embora as próprias limitações.

O Mestre não considerou as suspeitas de Simão, ensinando-lhe, porém, com simplicidade, a inesquecível lição do amor, ante a pecadora que lhe lavava os pés com as lágrimas do sentimento renovado.

Compreendendo as justas fadigas de Marta, Ele louvou o interesse de Maria, sedenta de equilíbrio interior.

Aprende, assim, a executar o programa divino, sejam quais forem as circunstâncias.

A noite, embora apavore, também convida à meditação.

O silêncio, embora assuste, ajuda os que raciocinam.

A dor, malgrado incomode, convida à reflexão.

Messe de amor

Valoriza, portanto, as situações de tempo, lugar e oportunidade, e faze o melhor ao teu alcance.

Mais vale chegar ao termo da jornada evangélica de coração ralado, pés feridos e mãos calejadas, a sós, mas tranquilo, do que ser surpreendido pela desencarnação bem-acondicionado no prazer e cercado de amigos que, no entanto, nada poderão fazer por ti, em relação à consciência em despertamento no pórtico da Imortalidade.

25

Doações

Desejando atestar a própria renovação, há muitos cristãos novos que se acreditam modificados, porque podem despojar-se de alguns bens materiais excedentes.

Dispõem-se a cooperar com a instituição cristã e colocam uma parcela de recurso financeiro à disposição. Todavia, não transigem quanto ao programa de aplicação que desejam imprimir.

Inicialmente discordam do planejamento anterior, se a casa está em construção. Sugerem alterações...

Detestam a direção interna da entidade, quando contrariados, se a casa abriga necessitados. Gostariam de fazer algumas modificações...

Esperam subserviência dos que ali mourejam. Sentem-se *donos* do estabelecimento.

São, a rigor, muito gentis, mas intransigentes.

Acreditam na *caridade* que praticam, no entanto exigem obediência.

Supõem-se realizados e, consequentemente, aguardam um lugar de venturas a que não fazem jus.

Há muitos que doam em nome da integração na fé. Poucos, porém, sabem dar, com "uma mão sem que a outra tome conhecimento", consoante o ensino evangélico.

É fácil o desapego ao dinheiro e diariamente surgem respeitáveis exemplos.

Porém, mais importantes do que a doação material, como testemunho de aprimoramento íntimo, são a renúncia ao *ponto de vista*, o combate ao *amor-próprio ferido*, o esforço contra o rancor, a luta sobre o capricho pessoal...

Em todo lugar se escutam torrentes de enunciados verbalísticos em fidelidade a Jesus; raros, somente, no entanto, conseguem tal realização pela observância ao conjunto de indispensáveis obrigações.

Ignoram que insignificante fagulha pode atear incêndio voraz, como qualquer contato elétrico mal-arranjado pode conduzir à morte.

Diante das oportunidades de dar algo, que surgem na tua tenda, converte pequenas chamas do orgulho em labaredas disciplinadas e organiza a

Messe de amor

força vibratória dos impositivos íntimos dirigidos ao bem, para atingir a finalidade do ideal cristão, vencendo, paulatinamente, os monstros da paz interior, enquanto ofereces vestes e moedas transitórias para aplicação na caridade educativa, crescendo no trabalho anônimo e desinteressado pelo bem de todos, conforme o enunciado kardequiano: "FORA DA CARIDADE NÃO HÁ SALVAÇÃO".

26

Não sabes

Censuras a mulher infelicitada que vende o corpo, dominada pela volúpia do gozo...
Ignoras, porém, os vínculos da própria insânia e agonia, que a amargura colocou sob as tintas que lhe encobrem a face.

Atormentada, acredita na inexistência de outros recursos para angariar o necessário para a vida honrada e humilde, ou para a manutenção de familiares enfermos que lhe ignoram a desdita.

Não podes erguer o dedo acusador em relação aos infelizes que passam.

Muitos deles desconhecem o abismo em que jornadeiam; são cegos à luz, tragados que foram pelo infortúnio da invigilância a que se entregaram.

Não sabes quanto maltrata e fere a ignorância!...

A ti a vida tem isentado do cerco dos maus e das ciladas de constantes males.

Não podes aquilatar a ardência de uma queimadura sem teres experimentado, no corpo, o calor do ferro em brasa viva...

Distende as mãos piedosas como asas de amor e ergue os que tombaram no charco.

Os caídos estão punidos pelas feridas que carregam após a queda.

Os vencidos sofrem a posição rente ao solo.

Compete àqueles que estão de pé dobrarem-se em socorro para ajudá-los.

A luz que viceja a planta não indaga a procedência do espinheiro, nem desdenha o covil dos chacais.

Aquece, aclara e prossegue...

Não podes prever o teu amanhã. E, mesmo que o previsses, a ti compete ajudar, por enquanto.

Mesmo que nunca venhas a necessitar de duas mãos transformadas em alavancas socorristas, podes e deves distender as tuas, porque a dor dos outros não permitirá, ainda que o queiras, a propagação dos teus sorrisos.

Não há felicidade que se faça completa enquanto o pranto escorre nos olhos alheios, rasgados pela aflição.

Messe de amor

A casa do vizinho é departamento da tua casa. E o ser que passa, humilhado e vencido, pelo crivo da tua observação, é experiência que não podes desdenhar.

Quem ainda não venceu a luta total não sabe até onde irá a resistência pessoal.

Recorda que Jesus, em recebendo a doação da pecadora, em perfumado bálsamo, não indagou quanto à procedência da essência. Antes, redarguiu, após ligeiro colóquio: "Vai e não tornes a pecar"... ensejando-lhe renovação, que se converteu em mensagem viva e atuante para todos nós.

27

Espíritos atormentados

$\mathcal{P}$rosseguem como se estivessem imanados à aflição que os retinha na carne.

Guardam carantonhas atormentadas, refletindo angústias superlativas.

Comprazem-se, enceguecidos, dominados por prazeres irreais, semiloucos.

Conservam o fascínio às moedas reluzentes ou às notas acumuladas, penetrando as mãos em vasa fétida que confundem com o ouro imaginário.

Afirmam-se condutores do pensamento, afligindo mentes incautas em demorados processos de hipnose, minando a organização física e psíquica dos semelhantes encarnados.

Conservam as expressões de luxúria, perseguindo miragens da própria sandice.

Aprisionam-se às opiniões pessoais, apaixonados e vencidos por cadeias mentais de difícil remoção.

Demoram-se vinculados aos pútridos despojos carnais, longe do discernimento.

Aventuram-se em empresas cruéis, alimentando tristes ideais de vingança ultriz.

Asseveram-se espoliados dos bens terrenos, jugulados a ódios infernais.

Acreditam-se traídos pela fidelidade dos que ficaram na carne, convertendo-se em algozes impiedosos.

Enlouquecidos, formam bandos de delinquentes como nuvens de horror, semeando inquietações sem-nome e desequilíbrio sem conto.

Ignoram a situação em que se encontram.

Aparvalhados ante a realidade veraz da desencarnação que desvelou para eles as revelações da imortalidade, despertam, infelizes, aprisionando-se às malhas dos objetivos iníquos a que se ligaram na Terra.

São portadores de reminiscências vigorosas.

Antigos possuidores de moedas que se enferrujam distantes do uso.

Verdugos da paz alheia que se esqueceram de amar.

Vencedores dos jogos da ilusão que se distanciaram da verdade.

Ladrões da felicidade de muitos, que converteram o lar em inferno e o cônjuge em escravo.

São os gozadores de todo jaez que triunfaram cm rios de lágrimas, atingindo culminâncias com a máscara da hipocrisia afivelada à face, em jornadas subalternas.

Morreram, sim... mas não se consumiram no túmulo.

A vida os aguardava além da morte com os painéis das experiências malogradas, a se desdobrarem indestrutíveis...

Desequilibraram-se ao impacto da consciência violentada pelo pavor que se torna verdugo, ou pelo remorso que se faz vingador de si mesmo.

Intranquilos, perturbam e afligem quantos se lhes vinculam pela identificação de pensamentos e atos.

Recorda-os com piedade consoladora, laborando em benefício deles com o perdão.

Evoca-os em tuas orações intercessórias, que os alcançarão em forma de lenitivo e esperança.

Todos retornarão, como tu mesmo, ao cadinho purificador da reencarnação.

Ninguém está fadado à infelicidade sem termo nem às punições indefinidas.

O Celeste Pai é Magnanimidade e a Sua Misericórdia de acréscimo é sol que ilumina e aquece todos os Seus.

Ajuda-os, por tua vez, como ontem te auxiliaram outros corações dos quais não recordas...

E, participando da desdita deles, agradece à Doutrina Espírita, que te ergue o véu que ocultava a realidade do Além-túmulo, convocando-te para a conduta reta e o dever superior.

Não importa que sofras na via edificante.

Não reclames as agonias na austera caminhada.

Não acredites, levianamente, que as dores e perseguições deles, que te chegam aos ouvidos da alma pelo veículo da mediunidade ultrajada, na obsessão, ou pela informação medianímica, no socorro psíquico, possam converter-se em devaneio social para as horas vazias, fazendo-te arrogante, quando fores convocado à dialogação evangelizante.

Compreende-os e prepara-te igualmente.

Embora a carne moça e estuante pareça um casulo que te defende, atingirás a sepultura, tragado pela desencarnação; e, se a irresponsabilidade assinalar teus dias, mesmo que finjas ignorar a verdade que o contato com o Mundo espiritual te ensejou, tornar-te-ás igual a eles, e jornadearás, perturbado, até o momento em que, buscando alguém, anseies, como eles agora, pelo socorro sincero e a compaixão cristã.

28

Serve mais

Sentes a angústia n'alma como um parasito inútil encravado em venerando carvalho a sugar-lhe a vitalidade. Procuras libertação do vampirismo pertinaz, presa que te encontras do assédio demorado.

Trabalha e serve mais.

O trabalho em favor dos outros, em serviço ativo, converte-se em alimento de paz mantenedor da vida.

Constatas a fragilidade das próprias forças ao impacto rude de mil dilacerações. Distendes braços à cata de socorro e te debates sem amparo.

Trabalha e serve mais.

O serviço dirigido ao bem alheio, como trabalho digno, transforma-se em ancoradouro seguro para o coração desarvorado.

Examinas os quadros diários a se sucederem imprevisíveis e verificas quão pouco te fascinam as cores da vida. Recebes o desalento que fala na intimidade da alma e deixas que ele consuma as vibrações de alento de que necessitas.

Trabalha e serve mais.

Trabalho é vida, e serviço aplicado à edificação é viga mestra da felicidade.

Onde estejas, defrontarás a adversidade e a dor marchando vitoriosas sobre vítimas e escombros...

Trabalha e serve mais.

O serviço alçado à categoria de dever cristão e o trabalho elevado à condição humanitária se transformam em moedas de luz para a aquisição de todas as utilidades reais da caminhada evolutiva.

Modifica as percepções negativas que entenebrecem a tua alma e procura penetrar racionalmente os problemas da vida.

Messe de amor

Descobrirás fontes abençoadas onde apenas vês lamaçal, se intentares remover o lodo que dificulta a jornada da água pura.

Encontrarás fertilidade onde se demora o excremento, se revolveres o solo, facultando a manifestação da vida.

Surgirá a alegria onde permanece o tédio e a tristeza reside, se acenderes a lâmpada do júbilo pessoal, propiciando a propagação da esperança para a felicidade geral.

Trabalha e serve, pois, infatigavelmente.

Além da nuvem escura, brilha o Sol.

Além das tormentas, reina a paz nas camadas mais altas do orbe terrestre.

Para quem se afeiçoa ao trabalho renovador e edificante, em forma de serviço salutar, há sempre luz e alegria, embora tudo esteja sombrio em redor, prenunciando borrasca...

Aprende a transformar as dificuldades que se acumulam em teus dias em oportunidades de trabalho e serviço.

E tem em mente Jesus Cristo, o Servidor Incansável, que, honrando as horas que se diluíam, no momento do testemunho, não chamou somente o ladrão ao trabalho renovador, como a todos os que se agregavam junto à Cruz, ensinando, sem palavras, que o serviço na Terra é portal de felicidade para o Reino dos Céus.

29

Tarefas

Gostarias de servir, guindado, porém, aos altos postos, e dirimirias muitas dificuldades, solvendo os aflitivos problemas que esmagam o povo.

Preferirias atuar em relevantes compromissos, nos quais a própria atividade se convertesse em repressão ao crime de todos os matizes.

Desejarias abraçar missões especiais no mundo das pesquisas científicas ou no campo das ciências sociais, abrindo horizontes claros para a coletividade.

Pretenderias o trabalho nas altas esferas religiosas, comentando as necessidades das massas junto aos administradores do mundo e sugerindo roteiros iluminativos quanto libertadores.

Estimarias a liderança na coletividade, favorecido pelos recursos que enxergas nos outros, e lamentas serem inúteis onde se encontram...

No entanto, não sabes as lutas das posições frontais.

Desconheces, talvez, que todos eles, convidados pelas leis a atenderem às dificuldades dos outros homens, são, igualmente, homens em dificuldade.

Atormentam-se, sofrem, choram e vivem com a máscara sobre o cariz, conforme os figurinos da política infeliz ou os modelos da cultura em abastardamento.

Lutam contra máquinas emperradas e odiosas.

Muitas vezes são vencidos.

Alçaram-se às culminâncias do poder sem base para os pés.

São iguais a ti mesmo.

A posição de relevo não faz o caráter reto.

A troca de governo não opera repentina mudança de moral.

O problema social é mais complexo do que parece.

Podes, todavia, muito fazer. Não de cima, mas de onde te encontras.

O suntuoso palácio subalterniza-se ao alicerce que serve de apoio à construção.

Se o sacerdócio que anelas não te alcança o ideal, recorda que o lar é a escola da iniciação primeira para qualquer investidura. Todos aqueles que

Messe de amor

se notabilizaram no mundo passaram pelas mãos anônimas do domicílio familiar, onde se apagaram os pais e os mestres na extensão de sacrifícios grandiosos e desconhecidos.

A ferramenta humilde que rasga o solo onde repousará o monumento é a irmã do buril que talhou a pedra.

A enxada gentil que prepara a terra é companheira da pena que sanciona as leis agrárias de justa distribuição de terrenos.

Todas as tarefas do bem são ministérios divinos em que devemos empenhar a vitalidade, sem esmorecimento nem reclamação.

Sem as mãos da humilde cozinheira, as mãos do sábio não poderiam movimentar o progresso humano...

Cumpre, pois, o dever que te cabe, com a alma em prece, e embora não sejas notado na Terra, demorando-te desconhecido, recorda que Jesus até agora é o Grande Servidor Anônimo a ensinar-nos que a maior honra da vida é o privilégio de ajudar e passar adiante, servindo sempre e sem cansaço.

30

Nos dons da pregação

Não te desalentes, na difusão dos nobres princípios cristãos, porque os ouvidos que te recolhem as palavras continuam desatentos.

Se o companheiro que parecia seguro caiu, levanta-o, distendendo as mãos afeiçoadas, e reconforta-o outra vez.

Se o ouvinte partiu, ansioso, para se entregar, inerme, ao erro, considera-lhe a imprevidência, e volta a encorajá-lo na luta contra o mal.

Se o doente, em recuperando a saúde, retornou à posição anterior, distante dos companheiros e dos compromissos morais, esclarece-o, ainda mais, quanto à responsabilidade e ao dever.

Se o acompanhante se apresenta entediado, com evidentes sinais de enfado, renova-lhe as forças na fé pura e demora-te ajudando.

Se a injúria te chega ao coração, desculpa o golpe partido do beneficiado das tuas mãos e persevera socorrendo.

Se a maldade enrosca os teus pés no poste da aflição, examina a própria atitude, e permanece amparando.

Se desprezado, não revides com azedume, e esforça-te por ser útil sempre.

Se insultado pelos comensais do teu carinho e dos teus ensinos, esquece qualquer ofensa e ampara sem mágoa.

O desatento é Espírito imaturo.

O perseguidor é instrumento de várias enfermidades.

O zombeteiro ignora-se.

O imprevidente é *criança espiritual.*

O mau é náufrago de si mesmo.

No meio de todas as deserções e fracassos, originados na pobreza de forças que te rodeiam, cobra alento novo em Jesus Cristo, estando seguro de que és apenas servidor, em tarefa de auxílio, e que todos os resultados a Ele pertencem, como todo bem d'Ele procede. E, após as fadigas, continuando feliz, descobrirás, nos recessos da alma, a virtude e o amor resplandecentes como luz de Deus a clarear-te por dentro.

31

Objurgatórias

Explicas a rebeldia atual e a debandada das trilhas luminosas da fé, porque a decepção marcou as experiências religiosas em que te envolveste, povoando-te de aflição e ralando-te o coração de dor.

Pedias paz, e encontraste somente lutas.

Esperavas tranquilidade, e achaste inquietudes.

Desejavas saúde, e enfrentaste enfermidades.

Aguardavas solicitude do Alto, e os Ouvidos Cerúleos pareciam-te moucos às rogativas.

É natural, justificas, que a revolta se te instalasse no coração.

Formulavas, a respeito do Espiritismo, conceitos diferentes; e a decepção, inevitavelmente, foi o amigo que te atendeu.

Todavia, és o único responsável.

Fé é lâmpada que clareia interiormente. Roteiro, e não transporte; estrada, e não porto de repouso.

O Espiritismo não equaciona dificuldades, consoante o engano de observação a que estás afeiçoado na Terra.

Para muitos a Misericórdia Divina deveria ser uma escrava às ordens de todas as paixões.

Todavia, o melhor remédio para evitar determinadas baciloses é o *bacilo-vacina*.

Para muitas necessidades o socorro é, ainda, a necessidade em forma de aguilhão.

Deus nos ajuda, não como desejamos, mas consoante nossas reais necessidades.

Para certas feridas, o cautério com ferro em brasa é o melhor método curador...

Por que, então, fazer do Nosso Pai ou da fé nossos servos, transformando a justiça da lei que nos conduz ao resgate, em preferência para conosco, de maneira negativa e danosa?

Devem receber mais os que mais pedem ou aqueles que mais trabalham?

Abandona, portanto, objurgatórias e reclamações injustas, e serve.

Messe de amor

Compromisso espiritista é ligação com deveres maiores.

Os amigos espirituais não te atenderão as comezinhas apelações, solucionando os problemas que deves resolver; no entanto, dar-te-ão, em colóquios sem palavras e estímulos sem-nome, a harmonia que é o caminho da paz legítima e da felicidade real, longe de toda dor, agonia e morte, no formoso labor que se manifesta na luta de cada dia.

32

Prosseguirás

Examinando os obstáculos que deparas na vilegiatura carnal, trabalha, servindo na luta em que te empenhas.

Neles encontrarás convites à humildade, exercícios à perseverança, chamamentos à fé. Compreenderás a necessidade de insistir no bem; descobrirás tesouros de alegria em cada vitória alcançada e empreenderás planos de trabalho infatigável.

Mas não te detenhas no serviço começado, considerando a facilidade que se enflorresceu nos teus braços, como êxito e acomodação ao repouso.

O vento gasta a montanha, que lhe impede o caminho, lenta e insistentemente.

Agiganta-se o carvalho, célula a célula.

Levanta-se o monumento, pedra a pedra.

O que não consigas agora terás mais tarde, se insistires no empreendimento começado.

Ensina o Evangelho que o servidor nunca deve desanimar, embora estando aparentemente vencido. E o apóstolo Paulo conclama os que tenham *os ossos desconjuntados* a prosseguirem.

Não te uniformizes com as indumentárias mentais dos vencidos, porquanto, qual se dá contigo mesmo, eles estão em viagem, na Terra, e despertarão, um dia, no país da consciência livre, examinando então as oportunidades perdidas...

Se alguém te fala que é loucura o esforço que empreendes, silencia e insiste no dever.

Se a bolota dissesse que um dia se transformaria em carvalho gigante, ninguém acreditaria.

Muito antes que o sábio Dalton concebesse a Teoria Corpuscular da Matéria, essa era constituída de corpúsculos.

Se a terra humilde e boa paralisasse o ministério santo de ajudar a semente ante o vaticínio dos pessimistas, o homem e os animais morreriam à míngua; e se o débil embrião fetal pudesse ouvir-te a respeito dos dias que o aguardam, acreditar-te-ia louco.

Não te intimidem, assim, as informações vulgares dos infelizes, que procuram sombrear o céu das tuas esperanças com nuvens pardas e cinzentas, no torvelinho das paixões em que se demoram.

Prosseguirás, se insistires na consciência reta, fazendo o melhor.

Se a morte interromper a tua tarefa, ainda assim, prosseguirás indefinidamente nas trilhas da Eternidade.

Das Esferas superiores, companheiros que te precederam na romagem, e que continuam vivos, vêm enxugar-te o pranto, consolando o teu coração. Sustentam o teu Espírito à hora da dificuldade para que não desfaleças nos rudes embates, semeando a felicidade na tua senda, chorando e sorrindo contigo, confiantes e ansiosos, aguardando o momento de te abraçarem, após a tarefa começada, com os júbilos de quem recebe, no lar, o familiar que retorna, depois de rudes refregas...

Insiste, dedicado ao bem, e prosseguirás ditoso depois de tudo.

33

Na seara do amor

Não gastes o tempo no exame dos erros alheios, porque o criminoso responderá pelo tempo usado negativamente.

Não apontes os espinhos da estrada, demorando-te à distância deles.

Não argumentes com malfeitores, convencido da própria segurança.

Não duvides do poder da oração.

Não arregimentes adversários para a paz da consciência, porque o ódio é incêndio destruidor.

Não esperes pela fortuna para o enriquecimento do bem, porque a moeda insignificante aplicada na beneficência é mais valiosa do que qualquer fortuna morta em cofres invioláveis.

Não reclames, para a satisfação pessoal, os excessos que podem atender a múltiplas necessidades dos outros.

Não ajudes sem a contribuição estimulante da alegria.

Não uses o conhecimento da verdade para exibição vulgar ou para afligir os companheiros.

Não menosprezes o tesouro dos minutos. A eternidade é feita de segundos.

Não reivindiques afetos ou aplausos para a vaidade, mesmo que todos exaltem a excelência do teu labor.

Não ministres programas ásperos e rígidos, sem que possas selar as palavras com a ação bem desenvolvida.

Não desrespeites o suor alheio, granjeado na luta e na dor.

Não reclames referências especiais.

Não exibas, mesmo discretamente, os teus feitos, porque qualquer bom pregão perde o valor quando nasce no interessado.

Não exijas a presença dos amigos onde não te levaram os pés.

Não dês entrada ao mal na residência da tua alma.

Não abras os ouvidos ao vozerio da maledicência.

Não valorizes o mal a ponto de duvidar da vitória final e certa do bem, vivido por Jesus, o Mestre e Senhor.

34

Marcados

Acerca-te dos vencidos para auxiliar.

Não creias, porém, que eles sejam apenas os companheiros que tombaram na luta e se encontram caídos na estrada, tomados pelo desalento e o pessimismo.

Concentra tua atenção, e com os olhos do espírito surpreenderás muitos deles ao teu lado, guardando aparência robusta e provocando ruído para esconderem as marcas da infelicidade.

Todavia, é imprescindível amar para ajudar com eficiência.

Alguns são amigos assinalados por desastres e acidentes morais, que o ferrete da Lei Divina atingiu, expungindo, recalcados, os pesados débitos...

Outros são irmãos marcados por enfermidades cruéis, que lhes desorganizaram o aparelho digestivo, desviando-lhes o tubo excretor...

Vários são companheiros vitimados por heranças físicas, que os olhos do mundo não alcançam, guardadas em tecidos caros, recuperando o pretérito...

Diversos são corações solitários, que se reajustam aos impositivos de afeições angustiosas, renovando o panorama da mente enferma...

Outros tantos são Espíritos de procedências várias, perturbados por sinais vigorosos que os prostram, no silêncio, aniquilando-lhes a esperança...

Todos eles necessitam de unguento para as marcas dolorosas, que funcionam como corretivos santificantes.

Quando os encontres, não os atormentes mais com indagações desnecessárias, ferindo-lhes as úlceras com estiletes de curiosidade negativa.

Viajores do tempo, nas estações da Terra, possuímos nossos sinais e marcas que nos dilaceram as fibras íntimas.

Antes que desfaleçam esses marcados, podes fazer algo em benefício deles. Mais tarde surgirá novo dia, oportunidade nova de caminhar e, embora sejas convidado a ajudar, orando, não poderás prever se, de um para outro momento, serás convidado pela lei a carregar mais vigorosa marca...

35

Nas lides provacionais

Aguardas a felicidade, que parece tardar.
Anseias pela tranquilidade integral.
Desejas a harmonia em redor dos passos.
Suspiras, inutilmente, por entendimento fraterno.
Rogas, ansiosamente, socorro na tarefa.
No entanto, por mais áspera seja a luta, espera com fé robusta.

No passado semeaste aflições nas almas alheias.
No presente colhes os espinhos que aparecem ameaçadores.

Ontem asfixiaste as esperanças dos outros no lodo da vindita, em rios de sangue e lágrimas.

Hoje é necessário emergir com a consciência purificada.

No passado acumulaste o produto de muitos em arcas da usura, através de expedientes da ilicitude ambiciosa.

No presente faz-se indispensável restituir em árduas operações de esforço e dificuldade, com os pesados juros que são cobrados.

Ontem estimulaste o ódio e erigiste monumentos ao orgulho e à insensatez.

Hoje é natural que te encontres a sós, cercado pela aversão de muitos.

No passado ombreaste com a criminalidade aliciada ao poder, acreditando na preservação ilusória da vida física.

No presente sofres injustiça e perseguição por onde passas.

Antes esqueceste os mínimos deveres.

Agora tens de exercitar-te nas obrigações valiosas.

É da lei que ninguém auferirá paz com tesouros vazios de serviço nobre.

Nenhuma cabeça ostentará o louro da vitória sobre uma consciência poluída.

Toda ascensão exige retorno ao ponto em que se fracassou.

Ninguém chegará ao Céu sem o resgate abençoado com a Terra.

A aflição imposta ao próximo é aflição a demorar-se na própria alma.

Crime praticado é sombra no caminho, aguardando a luz da reabilitação.

Irresponsabilidade consagrada pelo triunfo humano é débito ativo na Contabilidade Divina.

Quem guarda compromisso com a retaguarda é escravo do passado, sem possibilidade de avançar.

Se almejas a liberdade em plena luta, sofre pacientemente.

Arranca o espinho que cravaste no coração do próximo ao preço do próprio sacrifício.

Fascinado pelas promessas do futuro, embora amargurado, não receies voltar atrás para sanar os males, suportando heroicamente as injunções do resgate em inesperados assaltos à paz, agressões à honra, dificuldades no êxito, angústia nas relações de amizade ou enfermidades pertinazes no corpo dorido.

Não te detenhas, transferindo oportunidades longamente esperadas.

Outros companheiros atados a dívidas mais graves suspiram pelos ensejos que sorriem no teu caminho.

Dominados por expectativas mais sérias, ofereceriam as moedas de toda felicidade para experimentarem a grande dor que se faz mensageira da reabilitação.

Dessa forma, por mais sombrios sejam os teus dias, persevera confiante à espera do sol bendito da liberdade. Busca o Senhor através da oração e recolherás forças para prosseguir. Mantém a serenidade no íntimo e roga as dádivas da paz, no futuro; mas suplica, sobretudo, coragem e humildade no resgate, abraçado ao amor puro e simples que te alçará, de alma feliz, ao serviço livre em favor de todos os companheiros a quem deves.

36

Em honra do bem

Quando Alexandre entrou triunfalmente em Corinto, notou que Diógenes, o célebre pai da escola cínica, não se encontrava entre aqueles que o homenageavam no suntuoso banquete.

Admirador do estranho filósofo, esqueceu, por momentos, a superestima que a si mesmo dedicava e foi visitá-lo, no local humilde em que vivia, mergulhado nas singulares meditações. Tentando comover o ilustre cínico, ofereceu-lhe, Alexandre, honras e glórias, louros e triunfos. Impassível, porém, ante o conquistador da sua pátria, retrucou Diógenes, agastado: — *Não me retires o que me não podes dar* — referindo-se à luz do sol, que o corpanzil do herói obstaculava aquecer seu corpo macilento.

Encontrarás, surpreso, aqueles que te oferecem glórias a troco de favores, alegrias em permuta de obséquios, moedas por subserviência, gozos em nome da dissolução dos costumes, mas que te não podem dar paz nem felicidade interior.

As doações superficiais são passageiras.

Débeis são as flores que ornamentam.

As ilusões se desfazem em feridas de desencanto e chagas de continuada amargura.

O licor que agrada embriaga e ajuda o organismo a decair, aproximando o corpo do sepulcro.

Entretanto, sem os lauréis dos dominadores do mundo, o Senhor te permite a sementeira da luz, distribuindo, por tuas mãos, as nobres concessões da perene alegria.

Mesmo que não encontres almas dispostas a mudar a direção dos passos, para seguir contigo, poderás imprimir beleza e cor nos horizontes deles com as premissas da Boa-nova que te clareia.

Quando os encontres rebelados com a existência, recorda-lhes o desvelo dos pais, nas longas noites de enfermidade, à cabeceira dos seus leitos de crianças...

O fogo, para extinguir-se, não pede combustível, assim como a ferida, para sarar, não aguarda o estilete que lhe revolva os tecidos em cicatrização.

Messe de amor

Em toda parte descobrirás a Natureza entoando hinos de louvor à esperança e homenageando o bem.

Serve a nuvem, criando fontes em solos agrestes.

Servem as árvores, distribuindo sombra, agasalho, lenho e frutos.

Serve o Sol, infatigavelmente, à vida organizada no orbe terrestre, em nome do Divino Sol.

Não te consideres à margem dos acontecimentos nem ambiciones os fogos-fátuos da ilusão.

Enquanto distendes as mãos para ajudar, eleva o pensamento às Regiões Superiores da Vida, procurando auxílio.

E não permitas que a iniquidade dos outros te roube o que te não pode dar: o sol da crença e o calor da esperança.

O menino da viúva de Naim, enfaixada em panos mortuários, estava vencida pela morte. No entanto, ao suave chamado do Mestre Jesus, retornou à atividade para preparar-se, em definitivo, para a romagem do Além-túmulo, que adviria, mais tarde, com o desgaste orgânico...

37

Examina e prossegue

Recordas com tristeza a deserção dos companheiros mais afeiçoados aos propósitos de bem servir.

Viste a falência de idealistas arrebatados, quando o testemunho lhes exigia oração e jejum moral.

Acompanhaste com inquietação o recuo de amigos que lutavam nas primeiras linhas de combate.

Choraste, amargurado, ante a reação negativa daqueles em quem mais confiavas.

Ouviste a voz da cólera na boca da revolta, quando servidores calmos se desordenaram ante as injunções do serviço.

Esperaste, sem êxito, que os cooperadores afastados retornassem às atividades edificantes, onde serves ao Divino Servidor.

Ante as decepções sofridas e as rudes provações, dizes-te cansado. Enxergas sombras onde antes brilhava a luz, pessimismo no lugar em que se demorava a esperança, aflição punitiva na alma que sofria em renovação, e sentes a falta de forças para continuar.

Tudo parece conspirar contra os teus elevados compromissos: incompreensão de uns, dificuldades com outros, abandono e solidão.

No entanto, é inadiável a tua necessidade de prosseguir.

A fé se transformou num alimento de que não podes prescindir.

Todos os teus planos de felicidade nasceram com ela no teu coração.

Escuta a própria consciência e compreenderás quanto te significa.

Faze o que estiver ao alcance e faze sempre o melhor.

A hora que se apresenta sombria é oportunidade de acender a luz na lâmpada que se vai apagando em muitas mentes, antes clareadas pela chama da esperança.

Busca o entusiasmo, e a alegria te vestirá novamente com o alento.

Messe de amor

O lar não te parecerá penitenciária punitiva, mas escola onde aprendes a servir; os companheiros deixarão de ser desertores para se transformarem em enfermos, aguardando compaixão e medicamento; os perseguidores já não se apresentarão na condição de algozes, antes parecerão atormentados em mãos cruéis a zurzirem e inquietarem os outros; os escassos recursos parecerão suficientes, porque descobrirás os tesouros ocultos nos dotes do espírito...

Desse modo, mesmo que a maioria escolha outra linha de conduta, na escola de fé a que filiaste o Espírito, não há por que desanimar.

No momento justo, todos devolverão os haveres que receberam com o uso que fizeram.

O minuto que soa no clímax dos teus desenganos pode ser também o instante que precede à transição da tua alma, como imposição natural que a vida exige aos fugitivos e postulantes da verdade. E, além da morte, tudo o que fizeste, vencendo pessimismo e luto, dores e angústias, por teres perseverado fiel, ser-te-á o lenitivo para a saudade, a segurança feliz e a paz vitoriosa.

Examina e prossegue, pois, sob a inspiração do bem, enquanto são fortes as tuas forças, para que ao anoitecer dos dias, na velhice, descortines o caminho ensolarado.

Lembra que o Excelente Filho de Deus, sem erro nem crime, após a sementeira do bem imperecível entre infelizes e sofredores, viu os amigos queridos desertarem, atemorizados, e experimentou injúrias e maldições, aceitando, por amor, vinagre e fel, para tornar-se, depois de *morto*, um sublime clarão para todos, apontando a rota da glorificação, ao alcance da Humanidade inteira.

38

De alma confiante

Recordas-te deles, lágrimas nos olhos e coração dorido, como se houvesses sido pisoteado por infrenes corcéis em disparada.

Esperanças mantidas por longos anos jazem mortas.

Promessas vibrantes e doiradas parecem negros panos da mentira.

Amigos carinhosos que te esqueceram.

Amores que pareciam eternos, e que fugiram.

Abraços e afagos que desapareceram.

Mãos gentis que estavam distendidas, e agora se ocultam.

Companheiros que eram atestados vivos da lealdade plena, e que te deixaram.

Realizações honestas, feitas com suor e lágrimas, hoje apontadas como filhas da usura, a ruírem lentamente.

A cada instante, novos espinhos se cravam nas tuas carnes.

Ingratidões na boca de velhos devedores do teu carinho.

Queixas veiculadas por comensais da tua abnegação.

Incompreensões de quem mais dependia dos teus esforços.

Todos se voltam e saem quando chegas, e sentes que são injustos para contigo.

Apesar de tudo, porém, não te desesperes.

Reúne os músculos caídos e renova o espírito vergastado, prosseguindo sem desfalecimento.

Se não recolhes agora os frutos abençoados dos teus esforços, recebê-los-ás mais tarde.

Colheita de hoje, sementeira de ontem.

Dor agora, compromisso passado.

Esforço atual, merecimento futuro.

Envolve as íntimas aspirações nas vibrações positivas do amor infatigável, desculpando e edificando sempre, e deixa-te arrastar pelas correntes do trabalho digno, seguindo à frente, na condição de seareiro da Eternidade.

Perdendo tudo, e tudo tendo...

Perseguido, mas com todos...

Messe de amor

Alanceado, e jubiloso...

Incriminado, porém inocente...

Cansado, no entanto de pé...

Surrado, e feliz...

Caindo aqui para reunir forças, e levantar reanimado um passo à frente.

A linguagem do bem é de vibração imorredoura: desaparece aqui para repercutir alhures.

O que faças de bom é dádiva que te fará bom...

Não te arrependas nem te lamentes.

E se for necessário morrer no trabalho entre amarguras e saudades, chancelado como incapaz e vencido, lembra o Mestre Divino que, antes de atingir a excelsa libertação, foi azorragado e perseguido, sorvendo o fel da maldade humana até a última gota e, carregando o madeiro infamante até o Gólgota, ressurgiu, logo mais, na glória solar, libertando-se do pó e das sombras...

39

...E viverás

Estás extenuado...

Cansaço, dúvida, infortúnio são as expressões que enlutam os teus lábios.

Desencorajado pelos companheiros que abusaram das fontes generosas da tua confiança pura, não te animas a encetar novas atividades.

Sabes, porém, que o desânimo é implacável inquilino do domicílio espiritual.

Entretanto, acreditas em abandono e não reages.

Não ignoras que a lâmina aguçada não é responsável pelos cortes que produz... mas entregas o instrumento da produção à ferrugem, sem o necessário esforço de movimentá-lo em sentido edificante...

Sempre podes recomeçar, amigo.

Interioriza a busca da felicidade e descobre os tesouros de que podes dispor em favor dos outros.

Teu cansaço é também o cansaço de muitos que te deixaram a sós...

Tua dúvida é o resultado da aflição dos que fugiram do teu círculo...

Teu infortúnio é a desesperação daqueloutros que soçobraram nas ondas encrespadas do testemunho...

Não creias necessário te ausentares do lar para ajudar a renovação do mundo.

Renova-te primeiro onde vives.

Tens, no reduto em que moras e nas ruas por onde transitas, mil oportunidades de aprimoramento.

Vibre o verbo nos teus lábios, escorra a luz em teus olhos, movimente-se a força em tuas mãos, divida-se o amor em teu coração, e distribuirás tesouros em favor dos que estão contigo.

Sem que o saibas, és pedagogo para outros aprendizes.

Há consideração em redor dos teus passos.

O carinho aguarda momento de falar-te.

A alegria não é tua adversária.

Vai àqueles que não podem vir a ti.

Esquece mágoas que não têm fundamento.

Quem fere propositadamente está doente da razão.

Quem mantém inimigos ignora as leis de trocas que sustêm a vida em a Natureza.

Todos necessitamos de algo ou de alguém para galgar os degraus na via de ascensão.

Espírito algum se libertará da Terra a caminho de um céu pessoal para gozo próprio.

Não esqueças de que o bem que se faz é o único trabalho que faz bem e esse serviço em favor dos outros é a caridade única em favor de nós mesmos, que pode atingir o cerne da alma, libertando-a para o sacerdócio do soerguimento do mundo.

Encerrando a entrevista com o sacerdote que procurava confundi-lO, disse o Mestre na Parábola do Bom Samaritano: "Vai tu e faze o mesmo".

Não abandones a oportunidade de ajudar, somente porque o cansaço, a dúvida e o infortúnio teimam em adquirir existência real para dominarem tua alma, estrangulando-a nos vigorosos tentáculos da aflição pessimista. Vence todo o mal e viverás.

40

Heróis

Passam ignorados, no trabalho anônimo do dia a dia, construindo a felicidade em torno dos próprios movimentos.

Mães humildes que se desdobram nos labores domésticos, desenvolvendo atividades múltiplas para enriquecerem de saber e dignidade os rebentos que buscam a escola e a oficina de trabalho...

Corações que alongam as mãos em concha da caridade, em serviço de socorro e carinho aos semelhantes...

Trabalhadores anônimos que se afadigam nas lutas diárias para que o escasso pão não falte à mesa humilde...

Garis apagados, que a enfermidade vence, lutando pela preservação do honrado tugúrio onde realizam o culto sublime da família.

Vivazes mocinhas que colorem a face, ao impacto do pudor ferido, nos modestos trabalhos, para que não míngue e desapareça o parco recurso com que atendem à mãe enferma, em enxerga humílima...

Jovens estudantes do currículo noturno que se esforçam após as tarefas pesadas, para se enriquecerem de luz a fim de avançarem na vida...

...Estão em todos os lugares, confundidos, porém ignorando o próprio valor.

Sobre as suas renúncias silenciosas o Cristo está estabelecendo novas bases de esperança, que darão início aos nobres santuários da felicidade real.

Há, igualmente, outros heróis. Aclamados pelo mundo, recebem o respeito das multidões, assinalando com sua passagem as épocas em que viveram.

Alguns mergulharam nos gabinetes de pesquisas e tudo aplicaram para salvar a Humanidade com a contribuição das lutas santificantes em que se empenharam, infatigáveis.

Silenciosos outros, nas salas hospitalares, distenderam mãos habilidosas para conquistarem vidas que a morte buscava, em intervenções cirúrgicas de alto valor.

Encanecidos, outros mais, sobre livros, abrem janelas para que a luz do entendimento penetre nas almas, educando, guiando, salvando...

Engenheiros e sacerdotes, advogados e cientistas, estadistas e legisladores, renovadores da face da Terra e mantenedores da paz social, realizando uma nova sociedade.

Há ainda os heróis que voltaram dos campos de batalha, marcados por estilhaços de obuses e granadas, feridos ou inquietados, após as lutas de horror em que buscaram preservar a dignidade e a paz dos que ficaram no lar, na família...

Todos, porém, necessitando de paz, de amor, de entendimento...

Homens e mulheres que as circunstâncias ergueram, uns ao pedestal da fama, outros ao poste do sacrifício, colaboradores todos da obra do Nosso Pai do Céu entre as criaturas da Terra.

Quando os conheças, ora e respeita-os; quando os encontres, pensa no exemplo deles e considera-os; quando saibas os seus nomes, ama-os embora a distância, ajudando-os com o teu carinho. Também eles amam, sorriem, choram e sofrem...

Alguns, almas de escol enjauladas na carne, abrem clareiras para o pensamento e os homens; outros, Espíritos resolutos e endividados em resgates imperiosos, distendem as lições superiores do exemplo e do dever, mas todos obreiros da Vida maior para que a linguagem do bem não desapareça sem eco entre as aflições da Terra

E, se possível, não os perturbes, ajudando-os a concluírem as tarefas em que se empenham pela própria felicidade, no culto do dever.

Mme. Curie, depois de celebrizada, viu-se constrangida a usar de energia, expulsando do lar os importunos e os admiradores, para poder continuar a estudar e a trabalhar o *radium*, em cujo limiar chegara a Física com o seu esforço e em cuja luta sucumbiu, por ele vencida, para salvar a vida de milhões.

Ajuda-os também.

41

Aflições

Bendize a dificuldade e a incompreensão, no caminho por onde jornadeias com outras almas.

Aflige-se a avezita na casca estreita do ovo que a gerou para defrontar horizontes infinitos.

Aflige-se o embrião humilde na semente vencida para agigantar-se na superfície da terra.

Aflige-se o filete d'água, esguichando pela fricha da rocha para correr na várzea ampla.

Aflige-se o botão de rosa dobrado sobre si mesmo, desejando arrebentar-se em perfume para espalhar-se na amplidão.

Aflige-se a lagarta imobilizada na histólise para que a borboleta colorida flutue na leve manhã primaveril.

Aflige-se a alma no casulo da carne para alçar-se aos horizontes da vida imperecível.

No entanto, é necessário examinar em profundidade a própria aflição.

Há aflição que traduz vida e elevação.

Aflição para partir os elos que atam o Espírito ao crime, ensejando liberdade.

Aflição para acender luz no íntimo, propiciando claridade.

Aflição em comunicar a verdade, felicitando corações.

Aflição para esquecer o mal, criando serenidade e alegria.

Aflição para vencer dificuldades, movimentando programas de ação edificante.

Aflição pelo sábio aproveitamento do tempo, valorizando a bênção das horas...

...E aflição que expressa insânia e morte.

Aflição por liberdade, que é libertinagem.

Aflição por gozo, que destrói a paz interior.

Aflição por amor, que representa paixão animalizante.

Aflição por dinheiro, que é penitenciária dourada.

Aflição pelo poder, que se transforma em loucura.

Aflição por glórias, que se fazem cumplicidade com o crime.

Aflição por honrarias enganosas, que se cristalizam em ridículo e farsa.

Messe de amor

Aflição no ódio, que se faz veneno letal.

Aflitos e afligidos.

Aflitos em busca de paz.

Afligidos pelos tormentos da *morte*.

Almas atormentadas e Espíritos sedentos de luz sempre os houve.

Com Jesus aprendemos a libertar-nos de todos os tormentos e suportar todas as aflições.

Aflições nascidas nos labirintos do espírito.

Aflições originadas nos pélagos das paixões alheias.

Inquietudes do Eu em busca.

Inquietudes da inquietude alheia.

Conserva a tua paz quando a aflição do mundo te convocar ao mundo dos desequilibrados, e persevera lutando pela conquista dos tesouros inalienáveis do Reino de Deus.

Oferece-te ao Senhor, conservando a paz por seres afligido, mas não afligente, demorando-te fiel e seguro no bem até a desencarnação.

Vitorioso, por fim, constatarás, deslumbrado, quando fruíres a paz que d'Ele emana, o galardão da imortalidade, confirmando o inesquecível enunciado:

"Bem-aventurados os aflitos, porque serão consolados".

42

Prudência

Recorre à prudência sempre que a dificuldade te aponte os tormentosos roteiros. Dificuldade não é apenas obstáculo à frente, impedindo o avanço.

Há muito problema difícil que se manifesta como ambição portadora de loucura, ou desejo de triunfo intermediário do desregramento.

Encontrarás homens em problemas, movimentando largas disponibilidades bancárias, como aqueles em tormento voluntário, por escassearem os recursos para a subsistência.

A prudência te dirá que todos os que retêm sucumbem dominados pelos valores parados e mortos, a que se escravizaram infelizes, e te lembrarás que muitos crimes são filhos da agressão desalmada e da insânia mental, porque supunham estar no dinheiro a solução dos problemas.

Resguarda-te, pois, na verdadeira posição de quem deseja acertar nas decisões.

Não amado, ama pelo prazer de amar.

Impossibilitado de atender aos anseios íntimos, contenta-te como estás.

Não te chegando auxílio dos outros, auxilia como possas.

Aproveita todas as lições com que a vida honra as tuas horas.

Atirar-se à primeira ideia, seguindo-a inquietado, seria como colocar espinhos na própria senda, por onde passarás.

Resolver o problema ao impacto da emoção desvairada é comparável a derramar ácido de efeito demorado sobre a ferida aberta em chaga.

Aconselha-te com a prudência, antes que teu passo te leve à delinquência.

Amanhã devolverás à vida os empréstimos com que a vida te brindou, em forma de recursos passageiros ou provações retificadoras em nome do Nosso Pai, porquanto os únicos valores contábeis, depois da morte, a seguirem conosco, são as ações que nos identificarão no grande amanhecer, após o demorado sono.

43

Orações encomendadas

Não somente oração por ti.

A prece não pode ser convertida em drágea de fácil deglutição que a enfermagem dos amigos coloca ao alcance do nosso aparelho digestivo.

Orar é integrar-se.

Se não constróis as antenas receptoras para as energias balsâmicas, no recesso do ser, a oração dos outros poderá ser comparada à umidade benfazeja sobre crosta árida, onde a porosidade da terra foi vencida.

As tradições religiosas ensinaram, na prece, a conjugação do verbo pedir, e esqueceram que o apelo para se fazer considerado deve revestir-se de condições essenciais ao mérito, sem o que a improcedência da solicitação se constata na resposta celeste...

Todavia, nem sempre o silêncio divino significa ausência de consideração ao apelante.

É que a sabedoria celestial responde conforme as reais necessidades da alma, e não consoante os desejos aparentes.

Nesse sentido, a oração não se pode perder na enunciação verbal dos conceitos repetidos de exaltação cerúlea, nem nas modestas jaculatórias de memorização mecânica. Deve ser trabalhada nos recessos do espírito como obra extrassensorial em que falem as legítimas aspirações da vida, em manifestações de enriquecimento interno, junto às fontes poderosas da Majestade Divina.

Não simplifiques os problemas atuantes da existência, rogando aos outros que orem por ti. Seria sobrecarregá-los com o pão que te pertence para a hora da alimentação espiritual que adias.

A prece é repasto pessoal.

Cada um ora como pode, sente e vibra.

O Pai, entretanto, responde conforme o valor, a necessidade e a honradez da solicitação.

E quando alguém, na condição de cireneu, distender os braços em tua direção, como mensageiro celeste, conduzindo a sublime resposta, não te acredites possuidor de merecimento que sabes não

Messe de amor

dispor, mas recorda a *misericórdia de acréscimo* do Nosso Pai; e, no caminho, quando alguém te suplicar piedade e compaixão, faze com ele como o Céu fez contigo. E continua orando com o sentimento, transformando os próprios atos em suave melodia de prece.

44

Tolerância

Fala-se muito em tolerância.
Apregoa-se a necessidade desse preceito cristão.

Escreve-se sobre o valor de tão nobre auxiliar do amor.

Pouco, porém, se vive a mensagem da tolerância.

Sem ela, todos sabem, a própria beleza ressuma tristeza, e o cálice de licor do êxito se converte em taça de amargura onde o tédio se demora.

No entanto, à hora de praticá-la, alega-se dificuldade.

Se alguém fere por ser doente, diz-se: "Não devemos permitir a ofensa para que o ultraje não domine".

Este emporcalha o chão por ser ignorante; aquele insiste no pedido porque é bronco; outro molesta, sem saber o que faz; outrem persegue, dominado pela própria infelicidade; alguém atropela, vencido por forças satanizantes; um erra por estupidez; mais outro desrespeita por viver num clima de animalidade... Todavia, raros crentes e pugnadores da tolerância desculpam.

Justificando a atitude impiedosa, afirma-se que a exigência se faz necessária para que a ordem reine, animando a disciplina.

Alguém se atrasa, e logo a maledicência açoita, sem recordar a possibilidade de transtorno no tráfego.

O trajo não é digno, e imediatamente a censura fere, ignorando as circunstâncias que o modelaram.

O vizinho fala alto, e é classificado de mal-educado, entretanto pode ser um obsidiado.

O patrão é severo, e é tomado por algoz, esquecido de que ele também é servidor.

Toda reação nasce na conivência da razão, que se ajusta às justificativas da mente em desalinho.

Os que reagem perderam a força de agir.

Tolerância não é apenas um formoso roteiro teorizado: é uma diretriz atuante.

Sem os que erram, não se tem oportunidade de exercitar a tolerância. Como sabê-la constante, sem aqueles que a concitam à ação?!

É imprescindível que haja descuidados e parvos, exigentes e sagazes, para que a tolerância possa fulgurar no coração.

Um santo piedoso, em excursão evangélica, foi assaltado por bandidos que lhe tomaram haveres. Após espoliarem o modesto homem, expulsaram-no do caminho a pauladas...

Passados alguns minutos, eis que retornou o humilde e maltratado viajante.

Indagado por que retornava, respondeu que esquecera de entregar uma moeda de ouro, que guardava na bainha da túnica para uma necessidade futura, e que não fora removida...

E com a mais inocente atitude presenteou-a aos bandoleiros, seguindo, então, feliz e tranquilo.

Os bandidos, comovidos, fizeram-se seus discípulos, após instarem com ele para que lhes falasse sobre a sua felicidade e a sua fé.

A tolerância perde e doa, sofre e desculpa e, parafraseando S. Paulo, em torno da caridade, não se irrita, não maldiz, não sofre, não ultraja, não fere; ajuda sempre, disposta a servir, acendendo a clara luz do amor em todos os corações.

45

Vestimenta

Deixa ao exegeta a tarefa de estudar a letra evangélica. Procura viver o ensinamento do Senhor.

Abstém-te da discussão religiosa. Liga-te ao serviço da realização em nome da fé.

Abandona os que querelam nos misteres da Boa-nova. Une-te aos que produzem para a fraternidade.

Foge às demandas no campo da crença. Materializa com os teus braços as concepções que esposas no campo dos homens.

O discutidor não merece atenção.

Não dissemina claridades benéficas.

Não atende a deveres do auxílio.

Não conjuga as palavras robustas aos atos da própria fraqueza.

Confunde, perturba, dificulta.

O verbalista pode ser comparado à gramínea de fácil desenvolvimento, que asfixia as débeis plantas que aspiram à oportunidade de viver.

Faz-se portador de sutilezas desequilibrantes e torna-se hábil na arte de afligir.

Carrega inquietações.

Espalha dúvidas, que dividem.

Gasta o tesouro do tempo nos longos sermões da palavra brilhante.

Vive com as mãos vazias de realização cristã e mente abarrotada de conceitos bem-trabalhados.

Demora-se nas zonas do detalhe e nenhuma imperfeição lhe escapa.

Brilha, mas passa.

Triunfa, mas desaparece.

Como sabe que tem um reino de ficção, é intratável, arrogante, pretensioso.

Acredita-se superior à época em que vive, demorando-se acima do entendimento dos contemporâneos. Por isso, foge para as bibliotecas preciosas e somente vem à luz para criticar, azorragar, discutir...

Morre sem realização, como viveu.

A lembrança dele inspira mal-estar nos que ficaram.

Messe de amor

O mundo o esquece e desaparece a sua memória, por falta da seiva do trabalho que deixou de realizar.

E desperta, além do túmulo, maltrapilho e torturado, entre as lembranças de sonhos intelectuais e tristes visões da realidade constrangedora...

Não olvides a necessidade de gravar o ensino evangélico nas folhas do coração.

Vive, quanto possível, a expressão do verbo amar, porque, qual ocorre com a indumentária carnal que te modela a forma, a letra é também veste do ensinamento do Senhor, que, em silêncio, testemunhou fidelidade ao dever e ao amor até o fim.

Comparecerás ante os códigos da Justiça Divina com a relação dos teus atos a falarem por ti, e não das tuas palavras em veementes desejos de realização.

46

Escuta e age

*L*iberta-te das amargas recordações que te prendem aos escuros caminhos do passado, e atende o chamado dos arautos da Verdade, oferecendo o esforço pessoal ao serviço do bem de todos, nas trilhas comuns do dever, avançando sobre os cipoais, para livrar as leiras produtivas que te atenderão no amanhã.

Não te detenhas a examinar a própria aflição, imbuído de pessimismo e inutilidade.

A água mais inútil é a que se demora estagnada no lodo em que repousa, e o trabalhador mais ineficiente ainda é aquele que não experimenta produzir.

Vale-te da oportunidade e utiliza o tempo disponível, aprofundando a mente em considerações otimistas de renovação e atividade.

A fonte que muito penetra no solo enriquece-se de fios d'água que lhe aumentam a capacidade.

Não lamentes, asseverando: – *Sou infeliz.*

Nem anules o apelo, informando: – *Quem sou eu para ajudar?*

Quem decreta a própria inutilidade desconhece-se.

A semente humilde, para transformar-se em árvore beneficente, não fixa a possibilidade negativa, mas deixa-se ficar à mercê do lavrador eficiente, que a coloca no solo propício às suas possibilidades latentes.

Faze-te semente do bem operante, e não recalcitres nem exijas.

Estás no lugar certo, no momento exato, com os recursos exigíveis.

Movimenta o interesse parado e experimenta começar.

Recupera a alegria e deixa que a esperança irise o céu penumbroso da tua alma.

Ninguém atingirá as culminâncias das Alturas Espirituais sem a movimentação do sacrifício. Nem se justificará no fracasso, apresentando a desculpa: – *Eu não pude.*

Todos estão aquinhoados, não apenas com os recursos que merecem, mas com as possibilidades que lhe são mais úteis.

Messe de amor

Se a ave receasse tentar o voo, temendo a queda no abismo aos pés, ficaria imóvel na própria pequenez ante a glória da amplidão.

Começa, pois, ante o sublime convite que agora te chega aos ouvidos.

Tomba e recomeça; cai e repete a experiência. Todo momento é valioso auxiliar nas tarefas sagradas para tentar e recomeçar com Jesus.

Santos e heróis da Espiritualidade superior um dia atravessaram os mesmos momentos de indecisão e sofrimento.

Os que acreditavam em santificação parasitária ainda se demoram examinando e contemplando de braços petrificados, junto aos corações dominados por aflições superlativas.

Com muito acerto afirmava São João Crisóstomo: "Um santo triste é um triste santo".

Recompõe, assim, a expressão íntima e encara a honra do convite, colocando-te no trabalho de qualquer natureza como quem realmente deseja servir.

E ergue o coração na diretriz do Eterno Trabalhador, seguindo com Ele, que nos convoca à vida, renovado pelo trabalho que transforma o pecador, facultando-lhe a comunhão com os anjos, enquanto nobres de fé e ricos de possibilidades se detêm inúteis e perdidos na retaguarda, em meditações transcendentes, mas paralisantes.

47

Se quiseres

Empreendida a excursão ao país da alma, descobrirás quão árdua é a tarefa encetada. Renúncia e solidão, sofrimento silencioso e esforço incessantes fazem-se indispensáveis para o êxito do empreendimento.

No entanto, se quiseres lutar contra os vermes dos vícios que te consomem, adquirirás a saúde robusta que se não apartará de ti...

Poderás romper as grades da gaiola de ouro que te escraviza com algemas vigorosas, ganhando a vastidão da liberdade...

Atravessarás o pântano de fel do orgulho e da preguiça, atingindo a plataforma do dever onde a simplicidade fez morada.

Relevarás todo o mal, fazendo todo o bem àqueles que te não compreendem, distribuindo a luz clara da fé que vitaliza os teus desejos...

Afugentarás o medo e a incerteza, ampliando os horizontes do serviço intérmino...

Descobrirás tesouros até então desconhecidos, latentes em ti mesmo, à espera da tua vontade.

Há muitos companheiros que tombaram na travessia do charco do prazer, que se detêm nas cordas vigorosas da incerteza, que se agarram às tábuas frágeis do barco da mocidade, que se perdem nos labirintos da inquietação, que se consomem nas labaredas dos desejos inferiores, que se envenenam nos tóxicos do ódio, que se asfixiam nos gases da mentira, que se arrastam nos visgos da luxúria, que se gastam nas rudes veredas do crime, que se enredam nas malhas da calúnia, que enlouquecem nos braços da ambição, pedindo socorro e ajuda. Mas aí ficam porque querem...

Se quiseres, seguirás além.

O trabalhador enrija as fibras e os músculos nas atividades a que se entrega.

Irrigando as terras do pomar, o córrego ignora a extensão por onde correrão suas águas.

Recendendo aroma, a rosa desconhece até onde o vento lhe conduzirá o perfume.

Se quiseres, embora ignorando a extensão do caminho a percorrer, irás lutando contigo mesmo,

Messe de amor

vencendo cada dificuldade e criando o clima vivo do amor por onde passes.

Compreenderás, então, como foi possível a Jesus, martirizado, perdoar os algozes e ampliar as possibilidades do amor, atendendo aos condenados que lhe faziam companhia à hora extrema, e doarás, também, como Ele mesmo, todo o teu querer à glória de servir e crescer, como base para a felicidade legítima no imo dos corações.

48

Moeda-bondade

Converte a moeda humilde da tua bondade em repositório de luz ao alcance da dor.

Com ela descobrirás valiosos recursos que se podem transformar em alegria para muitos seres.

Embora desprovido do dinheiro, constatarás a riqueza que se desvaloriza no cofre da saúde por falta do uso adequado.

Os olhos que te proporcionam a encantadora bênção dos panoramas coloridos podem levar à ignorância uma página de reconforto evangélico, traduzindo a mensagem simbólica das palavras veladas pelas letras.

Com eles poderás conduzir um cego na via pública, livrando-o dos perigos na travessia de uma artéria movimentada.

Utilizando as mãos sadias e ágeis, removerás águas pestilentas, debelando focos de moléstias graves.

Renovarás o solo, cobrindo-o com plantações produtivas, multiplicando verduras e grãos para muitas mesas.

Tecerás agasalhos para a nudez envergonhada.

Aplicarás remendos em tecidos rotos que se tornarão úteis.

Corrigirás ramos retorcidos, nos braços do arvoredo; conduzirás volumes que sobrecarregam crianças e anciãos, apenas agitando essas antenas de socorro que são tuas mãos...

Com a voz exaltarás a Verdade, falando sobre a harmonia do amor.

Defenderás a honra ultrajada.

Emitirás conselhos fraternos.

Entoarás a canção da esperança.

Abençoarás...

Somente com esses recursos do físico robusto poderás ser a fonte de misericórdia para os fracassados na peleja humana.

Com a inteligência aplicada à solidariedade como singelo dever, alçarás mentes e corações ao planalto glorioso da felicidade.

Com o sentimento afetivo, presentearás o anjo da amizade à amargura distendida na multidão e recenderás o perfume da compreensão entre os espinheiros da revolta devastadora.

E inteiro te converterás num escrínio de valiosas gemas a espalhar conforto e alento pelo grande caminho das almas...

Sempre podemos fazer algo pelo nosso próximo.

A miséria do conhecido enxerga tua abastança.

A revolta do vizinho olha tua serenidade.

A dor do mundo, em lágrimas de agonia, escuta o cântico dos teus júbilos.

Por que retardar a doação da tua generosidade?

A misericórdia que usas em favor de alguém se converte em tranquilidade em ti mesmo.

A caridade que endereças aos outros se enfloresce em teu coração como alegria perene.

E o perdão que ofereces aos que te ofendem se transformará num cântico de bênçãos pacificadoras na consciência sublime da vida.

Coloca, portanto, nas tuas mãos a moeda da bondade que se demora sem valor e ajuda sem restrição.

49

Em torno da prece

A maioria dos crentes espera encontrar na prece um instrumento de libertação do sofrimento, por processo de superação impossível.

Ora como se alimenta: para viver bem.

Todavia, a prece, diferindo do alimento físico, é estímulo que ajuda o homem a bem viver. Veículo de luz e pão da vida.

Quando a alma consegue manter o estado oracional, não pede, doa-se.

Não roga liberação do sofrimento, pois nele encontra a lição corretiva da vida, regularizando os compromissos nos quais fracassou. A prece torna-se, então, racional, objetiva. Conduz a alma confiante às nascentes da vida, oferecendo-lhe a força da sustentação para suportar o fardo que deve carregar.

A prece constrói a ponte ou o telefone que faculta a conversação com o Senhor, em vez de somente proporcionar inspiração para libertar o pedinte do fardo do Senhor.

A oração pode ser comparada à enxada laboriosamente movimentada no solo onde se vai semear. É necessário saber conduzi-la bem.

Inutilmente rogará o agricultor ao solo que abra seu ventre, para que ali se coloquem sementes produtivas. Também será improfícuo solicitar à Madre Divina que se dilate em bênçãos, sem o laborioso esforço que granjeia o mérito.

Busca, assim, o coração de Jesus – o solo sublime –, atingindo-O com a enxada abençoada da tua prece; movimenta teus esforços, e as sementes do Céu, através d'Ele, se transformarão, oferecendo-te o pão necessário para uma vida feliz em teu roteiro de lutas.

Ora e suporta as dores.

Ora e aceita as correções necessárias.

Ora e busca haurir forças para continuar.

Orando, chegarás ao Senhor, que te deu, na prece, um meio seguro de comunicação com a Infinita Bondade de Deus, em cujo seio dessedentarás o Espírito aflito...

50

Humildade

Humildade, humildade!...

A humildade é uma virtude que se ignora. Por isso mesmo não se ensoberbece nem se desvaria.

Quanto mais se oculta, mais se aformoseia e, quando ignorada, é qual madrugada rutilante abrindo o dia para o Sol.

A humildade é espontânea e, para ser legítima, não se improvisa. Deve ser cultivada com perseverança e desenvolvida infatigavelmente.

Onde surjam suas primeiras manifestações, também aí aparecem adversários vigorosos.

A vida moderna, com falsos conceitos, conspira contra sua vitalidade, proclamando-a covardia e fraqueza...

No entanto, a humildade não pode ser confundida com a timidez nem com o medo.

Não é uma virtude estática, mas dinâmica. Por essa razão, não é parasitária nem acomodatícia.

É força combativa, movimento atuante.

Somente os caracteres bem modelados podem senti-la.

Sofrer humildemente não significa acomodar-se à dor; antes, é lutar heroicamente por vencer a aflição sem, contudo, rebelar-se.

É mais fácil revidar uma ofensa do que desculpá-la, vencendo todos os impulsos inferiores que residem no imo.

Quando a humildade se submete aos fortes e se revolta contra os fracos, entenebrece-se, fazendo-se servilismo. No entanto, silencia quando acusada pelos poderosos ou quando ofendida pelos fracos.

A humildade ajuda sem jactar-se, como o regato precioso que ignora o bem que espalha; qual sol sorridente que desconhece a vitalidade que difunde; como fruto abençoado que não sabe o excelente paladar de que é constituído...

Messe de amor

Se te causticam as forças da revolta e te ferem os aguilhões do desespero, semeia hoje a humildade no coração.

Talvez amanhã continues o mesmo. Dia virá, porém, em que germinará a bênção da excelsa virtude, enflorescendo tua vida.

Confia, espera e, servindo com destemor, experimentarás a harmonia decorrente de tudo sofrer, humildemente, por amor ao Grande Amor de todos os amores.

51

Ante dificuldades

A semente, para libertar o vegetal que conduz em germe, não se nega a vencer o solo que a agasalha...

O rio que busca o oceano não se detém ante os obstáculos que lhe impedem o curso...

A dificuldade é, assim, teste de resistência em forma de ensejo alentador.

Se a dor, em sua apresentação multiforme, chega-te às portas do coração, para, momentaneamente, para orar e reabastecer o espírito. Através da prece lenificadora, a doação celeste te alcançará o entendimento, revigorando as fibras da vida para o prosseguimento da jornada.

Recebe a dificuldade como ensejo de combate.

Aceita a dor como mensagem de despertamento.

Acolhe a provação com alegria.

Considera o problema como exame do teu aprendizado.

Escuta o grito da perseguição com os ouvidos do entendimento.

E, se for necessário sofrer todas as dores para atestar a excelência das tuas convicções em Jesus Cristo, não te deixes entibiar.

Recorda a *Via Dolorosa*... que não é somente uma demonstração de tragédia evangélica, mas apelo veemente a falar pelos séculos, e atende ao chamado incompreendido que te acena.

Os triunfadores, na Terra, são apenas corações enganados.

Os sorridentes, na Terra, são somente companheiros infantis.

Os felizes, na Terra, são igualmente almas equivocadas.

Os verdadeiros heróis, na Terra, são aqueles que, ignorados, fizeram-se pães para estômagos vazios, agasalhos para corpos desnudos, albergue para almas vencidas pela ventania, claridade para os dormintes da treva e esperança para os aparvalhados pelo medo, paralisados no desequilíbrio... e não se jactam por tanto.

Ante as dores, na Terra, não há lugar para relacionar queixas, nem lamentações, nem calúnias.

Messe de amor

Cumpre com o teu dever.

Se aguardas compreensão humana, despertarás nas palhas queimadas pelo desconforto e pelo desengano.

Se desejas, entretanto, servir Àquele que é de todos o Senhor e Mestre, continua vencendo a dificuldade maior que reside no teu íntimo – o egoísmo –, alma do orgulho e seiva dos outros males.

Ergue-te acima de todas as vicissitudes e, fiel a ti mesmo no dever maior, alcançarás a paz com a consciência, após a vitória sobre as dificuldades.

52

Benfeitores

Com a alma tocada pelas belezas com que a Doutrina Espírita te enriquece de ventura, gostarias de servir com desassombro, oferecendo a própria existência à excelsa manifestação do bem.

Descobrindo agora o lado formoso de todas as coisas e constatando que a Sabedoria Divina tudo emoldurou com necessários arremates, sentes a necessidade de dar expansão à felicidade que te invade, espalhando a luz do amor com as criaturas.

Fascina-te a posição de benfeitor e afirmas que tudo darias para transformar-te em mensageiro do bem nas lutas da santificação.

As possibilidades de socorro são múltiplas ao teu alcance.

Qualquer auxílio que se dilate é bênção que se difunde. No entanto, para auxiliar de molde a ser felicitado pelo próprio benefício, é necessário um grande e exaustivo trabalho dentro de ti mesmo, nos *intramuros* do Espírito.

Toda doação nobre é sementeira de luz.

Todavia, para que a semente atinja a plenitude do embrião, vê-se constrangida a libertar-se do próprio invólucro, transformando-o em vitalidade.

Para que atinjas o objetivo é necessário arrebentar a concha do Eu, destruindo a torre de granito onde recolhes o personalismo.

Ninguém serve bem se espera retribuição de qualquer natureza.

Para que a fonte atenda à sede do viandante que lhe busca a linfa, a água se liberta do lodo do fundo.

A fim de que o pão favoreça a mesa, o trigo supera a lama que lhe atende a raiz.

Não se serve a contento, quando se oferece amor com acrimônia e azedume.

Pouco importa renunciar aos prazeres do mundo em favor da obra do bem, impedindo que a alegria juvenil irrompa, ingênua, no sorriso dos tutelados.

A renúncia legítima desconhece medida e sacrifício. Para ser nobre, deve ser jovial e comunicativa.

Messe de amor

Ajudar reclamando pode ser comparado a descuidar da higiene do copo em que se oferece água fresca a quem se estima.

Serviço com enfado, apresentando cansaço e amargura, sempre expressa trabalho escravo.

A obra do Senhor é feita com alegria.

O Sol sorri gentil sobre o pântano, sem pressa nem prevenção.

A árvore abençoa o homem com sombra e fruto, desconhecendo o próprio valor.

A chuva atende ao solo sem constrangimento, caindo na várzea e na montanha.

Eles ignoram o benefício que distribuem.

Antes, acreditava-se que a santificação se manifestava através de uma austeridade que empalidecia o rosto, mortificando a carne. Com o Espiritismo, o homem austero não é aquele em cujos lábios a severidade faz morada e o cenho carregado deforma a face...

Não se ajuda amaldiçoando o auxílio.

Coloca, pois, em teus serviços o *sal do amor*, para que o paladar cristão esteja sempre presente em teu prato de fraternidade.

Se quiseres servir com sucesso, observa os Mensageiros da Luz Divina e faze com os teus tutelados como eles fazem contigo.

Jamais reclamam – atendem sempre.

Nunca exigem – compreendem sempre.

Não perturbam – acalmam sempre.

São, em qualquer situação, o colo de mãe compreensiva ou o braço de pai vigoroso, oferecendo consolo ou trabalho.

Benfeitor, no seu sentido real, é todo aquele que, esquecendo-se de si mesmo, toma a cruz dos outros sobre os ombros feridos e caminha ao lado, ignorando o próprio sacrifício.

Jesus, na Via Dolorosa, esquecia as chagas e o ultraje de todos para poder atingir o termo da tragédia por amor, rogando ao Supremo Pai, no clímax das aflições, perdão para nós que ainda hoje, dois mil anos depois, fazemo-nos servos indignos da sua Mensagem Divina.

53

Provações

Antes que o vaso delicado fosse utilizado como adorno precioso, hábeis mãos modelaram a argila humilde, levando-a ao fogo.

A luneta valiosa, que aproxima a galáxia mergulhada no abismo celeste, sofreu altas temperaturas, demorando-se, longos meses, em resfriamento vagaroso.

Para que a lâmina do ferro pudesse resistir à invasão perigosa da umidade que a destrói, suportou a oxidação em fornos de alto teor calorífero.

A fim de que a joia delicada se tornasse adereço, o ouro foi submetido a cuidadoso processo de purificação ao fogo.

Para que a força elétrica se transformasse em claridade na lâmpada, delicados filamentos se incandesceram.

O fogo está presente em múltiplas operações da atividade humana e da vida em geral.

Fogo no zimbório infinito: novos sóis, novos mundos incandescentes; fogo na Terra: lavas mortíferas, metais liquefeitos na pirosfera; fogo nas almas: chagas vivas da emoção dilacerada e do corpo ferido...

A provação para o Espírito encarnado é fogo purificador.

Dores na alma, em forma de angústia e saudade, provando a resistência da fé.

Dores no corpo, em úlceras purulentas, provando o valor da fé.

Dores no sentimento, em forma de ansiedade e frustração, provando a fé.

Todavia, de todas as lutas e provanças, sai a alma purificada para as inomináveis glórias da Imortalidade, como da ganga impura sai o ouro valioso para o esplendor dos diademas e os primores de ourivesaria.

Guarda-te, nas provações, no valioso refúgio da paciência, confiando no Celeste Pai.

Mesmo que chovam dificuldades, que a solidão assinale os teus dias e que ardam labaredas na

Messe de amor

alma, impedindo que o claro Sol pareça luminoso aos teus olhos, confia no Senhor e segue.

Aqueles que te precederam na jornada e hoje se constituem os teus guias espirituais estiveram ontem na mesma via de aflições, provados e azorragados, mas, vencendo a si mesmos, içaram o coração ao Amor e atingiram o clímax da redenção, com o coração ralado, as mãos feridas, a alma angustiada, as ilusões esboroadas, para despertarem, logo depois, além da morte, redimidos de toda irredenção, infinitamente felizes.

54

A ponte

Estão na retaguarda.

Não puderam acompanhar o ritmo que a renovação impunha.

Enquanto os sábios mensageiros, à maneira de narradores de histórias, falavam das construções celestes, eles se detinham extasiados. Compraziam-se na expectativa de fáceis triunfos, antevendo-se coroados de êxitos nas lutas do caminho comum sem qualquer esforço nobre.

Supunham que o Espiritismo fosse apenas uma doutrina consoladora, cujo mister se resumisse na coleta de náufragos e mendigos para os alentar, enxugando-lhes as lágrimas sem qualquer compromisso com o trabalho e o sacrifício, em cujas diretivas o homem se integra no movimento libertador de consciências.

Esqueceram-se de que a morte física não é o fim.

Além do sepulcro, olvidaram que não há repouso nem paraíso, senão para quem converteu a própria paz em paz para outros, e dirigiu a felicidade pessoal para a felicidade de todos.

Depois da morte, constatarão, não existem soluções definitivas para problemas que a reencarnação não solveu.

A Terra é o grande campo de realizações, aguardando a dedicação dos lidadores da esperança, do bem e da verdade.

Ninguém a deixará, em liberdade, mantendo compromissos com a retaguarda.

Os que ficaram atrás preferiram o céu fantasioso da ilusão.

Fizeram-se apologistas do heroísmo de mão beijada e pretendiam a glória de um trabalho apanagiado por padrinhos terrenos, passageiros detentores de prestígio social e político.

Deixaram à margem os problemas gigantes que defrontarão mais tarde complicados e insolvíveis.

Tentaram o recuo à hora do avanço e se detiveram a distância...

Não os incrimines nem os lamentes.

São almas fracas, incapazes de uma resistência maior.

Messe de amor

A vida, a grande mestra, paulatinamente, com mãos de mãe gentil e devotada, conduzi-los-á de retorno à realidade da qual ninguém foge impunemente.

Segue adiante, porém.

Esquece a fantasia das narrativas atraentes e enfrenta o campo que se desdobra necessitado.

Aqui, concede a bênção de uma fonte, e o deserto se converterá em jardim.

Ali, remove o charco, e o pântano se transformará em horta dadivosa.

Acolá, afasta as pedras, e a estrada surgirá em fácil acesso para os homens e animais.

Faze o bem em toda parte com as mãos e o coração, orando e esclarecendo, a fim de que o trabalho da verdade fulgure em teus braços como estrelas luminescentes em forma de mãos.

E ligado aos Espíritos da Luz, construirás, com o suor e o esforço incessante, enquanto na carne, a ponte sobre o abismo, pela qual atravessarás, em breve, formoso e deslumbrado, em busca dos amores felizes que te aguardam, jubilosos, *do outro lado.*

55

Com o que tens

Pretendes ajudar com segurança os homens atormentados da Terra, agora, quando as clarinadas da verdade chegam aos teus ouvidos espirituais, modulando as bênçãos dos Céus.

Gostarias, porém, de possuir os recursos da palavra fácil, para, na imprensa escrita ou falada, atingires a grande massa.

Sentes a dor de muitos enfermos e, atribulado, dizes mentalmente que os ajudarias, se dispusesses da mediunidade curadora.

Procuras esclarecer aqueles que se detêm a ouvir-te, e te aquietas, muitas vezes vencido, porque não registras mediunicamente as Vozes que informam e revelam.

E afirmas, desanimado: – *Não vejo, não ouço, não escrevo, nada posso fazer...*

Não creias, porém, que o ministério divino do amor, no mundo, dependa de recursos excepcionais.

Os grandes servidores da Humanidade se ignoravam.

Mesmo quando atingiram o ápice das sublimes tarefas, jamais abandonaram os labores humildes de tão grande valia.

Homens-fenômeno sempre existiram na Terra, sem conseguirem transformar o mundo para melhor.

No entanto, foram aqueles que muito amaram que se converteram em bússola e em remédio, claridade e segurança para todos.

Não aguardes, assim, perfeição para ajudar e orientar.

Antes do exercício médico, o futuro esculápio labora como enfermeiro, e todo navegador jamais começou o exercício de comando em alto posto ignorando as posições-chave na engrenagem das naus.

Faze o bem a alguém discretamente.

Nem todos te poderão receber de improviso.

Também demoraste a aceitar as diretrizes que hoje te norteiam a vida.

Avança, alentando as almas que encontres ou que te encontrem, e enquanto haja fatores-possibilidade, dilata a verdade e o bem.

O poeta Keats, aos vinte e cinco anos, vencido por tuberculose pertinaz, recebeu a morte com júbilo...

Ticiano, aos noventa e quatro anos, confiante, pintava, confirmando sua maestria.

Milton não desistiu de lutar por ser cego...

Pasteur, hemiplégico, não desanimou...

Tackeray escrevia com *espírito*, embora a amada esposa estivesse louca...

Steinmetz, apesar de corcunda, realizou prodígios na ciência.

Haendel, empobrecido e meio paralítico, empenhou-se com ardor para que o *Messias* com o seu coro de Aleluia deslumbrasse o mundo...

E Jesus Cristo, o Operário por excelência, rejeitou os que dispunham de títulos e recursos, para convocar *homens simples e rudes* para a propagação do Reino de Deus na Terra, atingindo as culminâncias do messianato nos colóquios com a dor dos corações que em segredo O buscavam, nas formosas jornadas de expansão da Boa-nova.

E ainda hoje, quando a claridade do Sol Espírita penetra as criaturas, renovando-as por dentro, Ele continua convocando servidores que saibam apagar--se, para que acima de tudo brilhe a luz da esperança, alentando a vida humana no rumo do Amor de Nosso Pai.

56

Tranquilidade confiante

Deixa-te arrastar pelas águas vivas da tranquilidade, certo de que atingirás o abençoado porto da sublime destinação.

Vence, assim, os calhaus flutuantes em forma de malogro e solicitação inferior, presos aos juncos das enfermidades deprimentes que, muitas vezes, enleiam-te a meio da jornada.

Quanto mais cuidas do mal, mais ele se acentuará.

A lama valorizada no fundo do poço envilece a água pura que se demora repudiada.

Da mesma forma, o charco que agasalha doenças e febres, quando drenado, ressurge como terra acolhedora e produtiva a benefício da coletividade.

Se te deténs a examinar o adubo serás acometido de náuseas ante o fruto que procede dele através da árvore.

Observando as dificuldades a transpor, se te atemorizas com elas, não avançarás.

É indispensável valorizar apenas o bem que esposas, preservando o santuário íntimo contra todas as formas de revolta a desdobrar-se em malquerença com os sequazes que a cercam.

Amparado pelo comando da fé tranquila, operarás em todo lugar sob modalidade diversa do comum, nas experiências terrenas.

Sabes, por experiência, que onde te situavas ontem não impera o crime nem o vício, mas a ignorância e a enfermidade, no jogo das aflições desnecessárias. Divisarás, assim, oportunidades de serviço onde antes vias motivo de nojo e afastamento, cientificado de que, na faixa estreita da observação meramente intelectual, tua apreciação resulta da pretensiosa exigência da maneira de ver.

Sem te despires da crítica mordaz, improdutiva nos seus resultados, todos os esforços redundarão inúteis nos empreendimentos cristãos.

Atrela o sentimento às rédeas dos labores e, conduzido pelo amor, na sua feição pura e simples, recorda Jesus, aprendendo com Ele a realizar incansavelmente, retirando a cegueira dos olhos e extirpando o infortúnio do coração, aprimorando-te e

Messe de amor

santificando-te, uma vez que, não estando asserenadas as ânsias do Espírito, não estarás capacitado para a experiência da tranquilidade sob o comando da confiança plena.

57

Espíritos doentes

Quase todos somos Espíritos doentes.
Guardamos paixões.
Mantemos opinião arraigada.
Dominamos corações.
Espezinhamos sentimentos.
Conservamos animosidades.
Iluminados pela Claridade Divina, escondemos o sol da crença por detrás da nuvem da dúvida.
Tocados pelo amor universal em mensagem vigorosa, dilatamos a força da ociosidade, intrigando, invalidando esperanças, lutando pelo egoísmo em construções vulgares do prazer pessoal.

Fascinados pelos Altos Cimos, ainda sonhamos com a Terra, lutando pelos seus poderosos comandos.

Fraternistas, dirigimos consciências sob o relho de palavras, atos ou pensamentos hostis.

Somos quase todos Espíritos doentes...

Mas a semente que se recusa a morrer não enseja à árvore oportunidade de viver.

A água que se não submete não movimenta dínamos que beneficiam a vida.

O trigo que se obstina ante o esmagamento não favorece oportunidade ao pão.

Da tua enfermidade surgirá a *morte* da forma, para crescimento da fagulha de luz de que és constituído.

Ninguém te pode acusar por trazeres a lama de ontem e o lodo de hoje nos pés transformados em *feridas.*

Sem o sulco que a dor rasgou em teus tecidos, o avanço teria sido impossível.

Sem a enfermidade, a esperança não teria razão de ser.

Sim, somos Espíritos doentes, quase todos, caminhando para Jesus que, em se fazendo Embaixador da Vida verdadeira, trocou as excelências do seu Reino para buscar-nos, e doando-se a todos, Espíritos em jornada, fez-se *o pão da vida* para alimentar-nos na difícil trajetória da evolução.

58

O livro espírita

Bendize a oportunidade que desfrutas para semear. Amanhã será a hora de recolher. Valoriza a bênção da vida física no caminho da tua imortalidade. Recorda-te de que a carne é oportunidade breve e, logo mais, retornarás ao Mundo espiritual, sem que o esperes, talvez.

O corpo é concessão de Deus para o Espírito aprender e agir, valorizando os recursos disponíveis.

A morte é prestação de contas, exame das lições...

O trabalho no bem é a salvadora diretriz.

Aproveitar a dádiva do tempo, na primavera dos ensejos de hoje, é dever que não pode ser adiado.

Amanhã, possivelmente, o sol forte do desespero ou o frio glacial dos desencantos não mais propiciem o clima espiritual para a vitalização dos teus compromissos, enquanto te demoras na veste física.

Agora fulgura no caminho a luz da ocasião própria. Depois, talvez, a saúde não mais te ajude, a esperança não te fortaleça e o cansaço não te enseje oportunidade.

No momento, a Doutrina Espírita te desperta e convida, em louvor à Vida eterna e à Eterna Sabedoria, que representa.

Falando-te que a Terra é paisagem para o serviço honrado, recorda-te de que retornarás à Pátria espiritual, conduzindo as realizações que te digam respeito.

Abre o coração à mensagem da vida imperecível e utiliza os tesouros que o Espiritismo te concede para a felicidade geral.

Hoje segues no rumo da bendita plantação, e os corações angustiados aguardam a valiosa concessão da fé.

Espalha a luz que te clareia os passos, ajudando indiscriminadamente.

É necessário dares à fé que te liberta e glorifica o asilo da tua acolhida, favorecendo aqueles que ainda não a receberam. Nesse sentido, recorda-te do livro espírita. Oferece-lhe agasalho no coração e dele receberás o calor da alegria para a vida.

Messe de amor

Um ensinamento edificante é bênção em qualquer lugar. Uma lição espírita é luz no caminho.

Acende essa claridade santa na vereda estreita por onde rumam os irmãos sem roteiro.

Se não fores compreendido, aprende a perdoar.

Se óbices se levantarem, impedindo a realização dos objetivos, procura entender a luta e beneficiar-te com ela.

Onde apareçam os pródromos da Doutrina Espírita, aí surgem as mãos de Jesus servindo e ajudando.

Descobrirás, desse modo, no Espiritismo, a caridade como alma da vida, a tudo vitalizando.

Nesse sentido, o pão para o estômago e o agasalho para a nudez expressam socorros imediatos, enquanto a palavra luminosa, nascida no coração do Mestre e transmitida pelo livro espírita, é pão duradouro e eterna semente de amor.

Uma carta espírita consola.

Uma lição espírita esclarece.

Um socorro espírita ilumina.

Um livro espírita liberta e conduz.

Foi por essa razão que, honrando o livro nobre e construtivo, O Espírito de Verdade preconizou: "Espíritas! Amai-vos; este o primeiro ensinamento; instruí-vos, este o segundo", afirmando peremptório: "Jesus Cristo é o vencedor do mal, sede os vencedores da impiedade".

Honra o livro espírita e difunde-o com o teu carinho pelo bem, e contemplarás, logo amanhã, a gleba terrena vestida de esperanças à sombra consoladora do Espiritismo, em cujo seio as almas encontrarão repouso para todas as fadigas.

59

Jesus contigo

Dedica uma das sete noites da semana ao Culto do Evangelho no Lar, a fim de que Jesus possa pernoitar em tua casa.

Prepara a mesa, coloca água pura, abre o Evangelho, distende a mensagem da fé, enlaça a família e ora. Jesus virá em visita.

Quando o lar se converte em santuário, o crime se recolhe ao museu. Quando a família ora, Jesus se demora em casa. Quando os corações se unem nos liames da fé, o equilíbrio oferta bênçãos de consolo, e a saúde derrama vinho de paz para todos.

Jesus no lar é vida para o lar.

Não aguardes que o mundo te leve a certeza do bem invariável. Distende, da tua casa cristã, a luz do Evangelho para o mundo atormentado.

Quando uma família ora em casa, reunida nas blandícias do Evangelho, toda a rua recebe o benefício da comunhão com o Alto.

Se alguém, num edifício de apartamentos, alça aos Céus a prece da comunhão em família, todo o edifício se beneficia, qual lâmpada ignorada acesa na ventania.

Não te afastes da linha direcional do Evangelho entre os teus familiares. Continua orando fiel, estudando, com os teus filhos e com aqueles a quem amas, as diretrizes do Mestre e, quanto possível, debate os problemas que te afligem à luz clara da mensagem da Boa-nova e examina as dificuldades que te perturbam ante a inspiração consoladora do Cristo. Não demandes a rua, nessa noite, senão para inevitáveis deveres que não possas adiar. Demora-te no lar para que o Divino Hóspede aí também se possa demorar.

E quando as luzes se apagarem à hora do repouso, ora mais uma vez, comungando com Ele, como Ele procura fazer, a fim de que, ligado a ti, possas, em casa, uma vez por semana em sete noites, ter Jesus contigo.

60

Ante a desencarnação

Por mais se alongue, a existência física na Terra não passa de uma estação temporária.

Com o desgaste natural, a indumentária carnal se consome, renovando-se, incessantemente, até se transformar em outras expressões de vida, no silêncio do solo, quando abandonada pelo Espírito.

Tudo quanto nasce morre – é da lei.

A reencarnação é ensejo de aprendizagem necessária e breve.

O corpo, por isso mesmo, é veículo com que a Divindade honra o ser, facultando-lhe a ascensão aos planos celestes.

Todos morrem num estado vibratório, para renascerem noutro. Não há consumação. A vida prossegue!

Além do portal de lama e cinza, a vida continua como primavera formosa após noite sombria e torturada.

Ama os que foram instrumento da tua carne ou razão da tua felicidade, sem os constrangeres a uma temporada mais longa entre as limitações do vaso carnal.

Saudosos da Grande Pátria anseiam por voltar, embora as retenções no caminho.

Não os atormentes com o teu amor. Eles prosseguirão contigo noutro estado de consciência.

Ajudar-te-ão na dor, enxugando suores e lágrimas, e orarão por ti nas travessias difíceis...

Prepara-os com amor, informando quanto à vida no Mundo maior, e desembaraça-os dos cipós e elos que os prendam na retaguarda.

Recorda-te e lembra-lhes a alvorada sublime que os aguarda, esclarecendo quanto à ressurreição triunfal além da transitoriedade de todas as coisas.

Preenche, de tua parte, a saudade deles no coração, com a lembrança das horas felizes que eles proporcionaram, o bem que fizeram, o que representaram na vida...

E enquanto estão ao teu lado, aproveita a sabedoria e a bondade deles, honrando-os com o teu carinho e a tua atenção, habilitando-te a receber-lhes o amor com o mérito do esforço em nome do teu próprio amor.

O que lhes não deres agora amanhã de nada valerá.

O que deixares de fazer, adiado por negligência ou descuido, jungir-te-á pelo remorso ao rochedo da aflição improdutiva.

Velhos – guarda a paciência e cerca-os de mais carinho.

Enfermos – desdobra a vigilância em torno deles. A vigília junto ao leito de alguém em sofrimento é depósito nos tesouros celestes.

Jovens – oferece a experiência em forma de conselhos e assistência, disciplina e educação.

Amigos e parentes, amados e conhecidos – desdobra os braços e enlaça-os com a ternura que embeleza a vida.

Estranhos e adversários – vence a aversão e ama-os também, ajudando quanto possível a ingressarem em tua família espiritual.

Recorda, porém, que uns e outros em breve partirão...

O retorno será inevitável.

Começa-se a *morrer* desde que se renasce na carne.

A memória deles te fará feliz, e todo o bem que te fizeram, como o amor que lhes deste, será a coroa de luz que terás na vida.

Recorda, por fim, que, dominados por imensa saudade, recolhidos e atemorizados, os discípulos reunidos em Jerusalém receberam a visita do inesquecível Amigo que os saudou jubiloso, retornando da *morte* e felicitando a todos, através dos milênios, com o legado da vitória da vida sobre a desencarnação, como hoje atestam os que venceram o túmulo, retornando, felizes, aos corações amados que se demoram na carne, a repetir "paz seja convosco", qual hino de consolação imortal, que nada consome.

Este livro foi impresso na
LIS GRÁFICA E EDITORA LTDA.
Rua Felício Antônio Alves, 370 – Bonsucesso
CEP 07175-450 – Guarulhos – SP
Fone: (11) 3382-0777 – Fax: (11) 3382-0778
lisgrafica@lisgrafica.com.br – www.lisgrafica.com.br